「幸せリーグ」の挑戦

「幸せリーグ」事務局 編

三省堂

はじめに

私は、平成一六年に荒川区長に就任した直後に、「区政は区民を幸せにするシステムである」というドメイン、つまり区政が担うべき仕事の領域を定め、職員一人ひとりが区政のあらゆる仕事は区民の幸せに寄与していることをしっかりと認識するよう取り組みを進めてまいりました。そして、区民の幸福度を指標化し、それに基づきよりよい区政につなげていく取り組みである荒川区民総幸福度（グロス・アラカワ・ハッピネス＝GAH）を提唱し、平成二四年には区民の幸福実感を測定する四六項目の指標案を荒川区のシンクタンクである公益財団法人荒川区自治総合研究所から公表しました。今後は、いよいよ本格的な区民の幸福実感向上を目指した実践のプロセスに入っていくこととなります。

GAHの研究を進めながら、これまで取り組んできた新規・充実事業を数えれば一〇〇〇に近い事業を実施するなど住民本位の行政を進めていく中で、私は、区民の悩みや願いを受け止め、その声に真摯に向き合って政策を実施できるのは、住民に最も近い基礎自治体こそであると感じました。そして、真に幸福な地域社会を築いていくためには、個々の自治体が取り組みを進めていくだけに留まらず、同じ問題意識、志を同じくする基礎自治体同士が連携して、互いに学び合い、持てる力を結集し、補い合いながら、住民の幸福実感の向上につながる施策を生み出していくことが重要であると考えるようになりました。

この間、荒川区の取り組みは多くの自治体から注目をいただき、各自治体の皆様と意見交換をする中で、将来を見据えた地域の課題に真正面から取り組む自治体、また、難局を打開すべく果敢に行動している首長が数多くいらっしゃることを実感しました。そこで、住民の幸福実感向上という同じ問題意識を持つ基礎自治体の職員が交流し、互いに政策について学びながら、職員の能力・意欲を高める場を設けたいという思いを強くし、親交のある市原健一つくば市長、中山泰京丹後市長とともに、住民の幸福実感向上を目指す基礎自治体連合、通称「幸せリーグ」を発起することといたしました。

平成二五年六月に設立総会、その後、実務者会議を開催し、現在、幸せリーグは、志を同じくする五五の基礎自治体に参加をいただいております(平成二六年二月一日現在)。全国から多くの自治体の皆様に幸せリーグの設立趣旨に賛同いただき、参加を賜りましたことは、このうえもない喜びであります。参加自治体が、自治体の規模や地域特性などのさまざまな違いを乗り越え、共通課題について議論したりいろいろな施策の知恵を出し合ったりする中で、新たな発想や創意工夫が生まれてくるとともに、将来を見据えた課題にチャレンジしていく土壌が生まれていくものと確信しております。それは、自治体職員の意識改革、各自治体の行政サービスのレベルアップ、ひいては地方自治の改革にもつながっていくものと考えております。

本書は、幸せリーグに参加した自治体の取り組み内容等を広く情報発信することで、同じ志を持つ自治体が日本全国に広がり、住民の幸福を基点とした真に住民本位の行政運営が広がっていく契機となればという思いから参加自治体の皆様に賛同いただき発行することとなりました。各参加自治体における住民の幸福実感の向上を目指した独自の取り組み事例や、幸せリーグの顧問である学識経験者の皆様からのご寄稿等を掲載しております。本書が、今後の自治体運営を考えていくうえでの一助となれば幸いです。

幸せリーグの結成は小さな一歩かもしれません。しかし、これは新たなパラダイムへと飛躍するきっかけとなりうるものであると考えております。今後とも、顧問の先生方のお力添えを賜りながら、参加自治体の皆様とともに、幸せリーグが実りある自治体連合になるよう取り組みを進め、誰もが幸福を実感できるあたたかい地域社会を築いてまいりたいと思います。
最後に、本書の出版に当たりまして、大変ご多忙な中ご協力をいただきました幸せリーグ顧問である月尾嘉男東京大学名誉教授、小宮山宏東京大学前総長・三菱総合研究所理事長、神野直彦東京大学名誉教授、原丈人アライアンス・フォーラム財団代表理事、広井良典千葉大学教授、坂田一郎東京大学教授に衷心より感謝申し上げます。

平成二六年二月一日

住民の幸福実感向上を目指す基礎自治体連合　会長
荒川区長　西川　太一郎

「幸せとは何か」――幸福の実感には人それぞれの感じ方があると思います。「幸福実感に基づいた住民サービスを展開し、政策や行政運営の一層のレベルアップを図っていこう」と全国に先駆けて幸福度の研究に取り組んでいる荒川区の西川区長から幸せリーグ結成のご提案をいただき、私も自治体の舵取りを担う職にある一人として参加させていただきました。また、この提案に対し、多くの基礎自治体が幸せリーグに参加したことは大変意義深いことだと思います。

つくば市では、すべての人が安全に安心して暮らすことができる地域づくり、誰もがゆとりと生きがいをもって暮らせる、心安らぐまちづくりを目指し「住んでみたい、住み続けたいまち」「活力に満ちたまち」を築いていくという視点に立ち、諸施策の展開に取り組んでいるところです。

平成二五年、つくば市は、筑波研究学園都市建設が閣議了解されてから五〇周年を迎えました。閣議了解から半世紀を経て、社会情勢は大きく変化し、日本はさまざまな課題に直面しております。基礎自治体としてもこの現実を正面から受け止め、課題を克服し、まちづくりを進めていかなければなりません。

そのような状況の中で、この幸せリーグの結成は、基礎自治体が連携し、幸福度に関する理解を深め、住民の幸福実感向上につながる諸施策について互いに切磋琢磨しながら学び合い、情報交換を行うことにより、それぞれの自治体の特色をいかしながら住民が真に幸福を実感できるような地域社会づくりを実現するための有効な手段の一つであると考えます。本リーグでの活動やその成果が広く発信され、さらに多くの自治体の賛同をいただければ幸いです。

最後に、この幸せリーグが、住民の幸福実感向上のため、有意義なものとなることを御祈念申し上げましてご挨拶といたします。

平成二六年二月一日

住民の幸福実感向上を目指す基礎自治体連合　幹事

つくば市長　市原　健一

行政として、産業や雇用、福祉や教育、医療やインフラなど各種施策を進める中で、それぞれの分野自体とても大切な課題だけれども、課題が相互に関わり合い複雑化しているだけに、個別各論で施策を進める中でひょっとして本来見失ってはいけないものを気づかないうちに埋没させてしまっていないか、たえざる検証が必要です。このため、抽象的ですが、善きもの、正しきもの、喜ばしきものとして誰しもが願う「人や社会の幸福、幸せ」という普遍的な価値観を真正面にすえ直して行政として見つめ直してみることが、一見遠まわしに見えても、まちづくりの方向を揺るがず見定めていくうえで重要です。

われらが日本、引き続き「経済大国」は全く結構なのですが、併せてさらにそれを越え、これからの新しい時代、いよいよ「幸福大国」を目指すものであってほしいと願っています。その中で、とりわけ幸福が日常生活とともにあることを想えば、まずもって住民生活に一番身近な基礎自治体から、幸福を正面にすえて総幸福を高めるまちづくりをしていく、地域から幸福のくにづくりをリードしていくことがとても大切であります。

そして、これからの地方の時代、それぞれのまちの特色を活かした「幸福の中心軸づくり」が大事です。自分の利益ばかりを考える、ついには奪い合う、これでは当面は満足することが仮にあっても安定的な幸福感が得られないのは明らかです。この「利己」の対極にあるのが「利他」の価値観です。とすれば、幸福の問題を扱ううえで「利他」と幸福との関係に触れることなく幸福観の全体を語りきることはできません。京丹後市としては、「利他」を幸福のまちづくりに確かに位置付けていくための、これからの時代の新しい行政道徳づくりに資するチャレンジもしていきたいと願っています。また、市民総幸福について、誰かの幸福が犠牲になって他の誰かの幸福が高まるという形はもとよりあるべきでなく、誰もが置き去りにされることなく、誰もが幸福をますます実感できるまちづくりを目指します。

幸福まちづくりを明確な目標とする全国的な取り組みは、まだ始まったばかり。同時に幸福観は多様な顔を持つ価値観だけに、行政も手探り状態であるので、幸せリーグ及びその発展を通じて、情報交換を行い、学び合って、ひいては「幸福大国・日本の創造」へと向かう行政による「住民幸福応援力」の伸びしろを、ますます大きくしていきましょう。

平成二六年二月一日

住民の幸福実感向上を目指す基礎自治体連合　幹事
京丹後市長　　中山　泰

平成 25 年 6 月 5 日に開催した設立総会で
参加自治体が連名で共同アピールを発表

代表して読み上げる会長の西川太一郎荒川区長（中央）、
幹事の市原健一つくば市長（右）と中山泰京丹後市長（左）

「幸せリーグ」の挑戦

目次

はじめに……会長　荒川区長　西川太一郎　2
幹事　つくば市長　市原健一　6
幹事　京丹後市長　中山　泰　8

第1章　なぜ、いま基礎自治体が「幸せ」に取り組むのか

住民の幸福実感向上を目指す基礎自治体連合「幸せリーグ」とは……18
「幸せリーグ」の意義を読み解く……顧問　神野直彦　24
ポスト成長時代の幸福政策―幸せはローカルから……顧問　広井良典　36
世論調査から見えた幸福実感……顧問　坂田一郎　46

第2章　基礎自治体の挑戦―住民の幸福実感向上のための施策

社会的包摂の実現に向けて……北海道　釧路市　56
笑顔があふれる未来に向けて……北海道　北見市　60

第3章　今後の展望—基礎自治体から日本の未来をつくる

第1章

なぜ、いま基礎自治体が「幸せ」に取り組むのか

住民の幸福実感向上を目指す基礎自治体連合「幸せリーグ」とは

立ち上がろう基礎自治体──幸せリーグ設立の意義

一九九〇年代にバブル経済が崩壊し、その後のデフレ経済、そして東日本大震災──我が国では、かつて経験したことのない状況に直面しています。これまでのように物質的な豊かさや経済的な効率性だけを追い求めるのではなく、絆やつながりといった質の面での充実や新しい価値観が必要だと言われています。成熟社会を迎えた今日、国民の幸福に基づいた国づくりを進めるブータンが注目され、「開発優先の経済発展ではなくGNH（Gross National Happiness）で国の進歩を測る」との前国王の提唱が共感を得ています。そうした中で、我が国の自治体においても、住民の幸福を基点とした行政運営に取り組もうという動きが広がってきています。

私たち区市町村は、大きな枠で仕事をする国や都道府県と違い、常に住民に寄り添って悩みや願いを把握し、それを受け止めて政策に反映させることができます。住民に最も近い基礎自治体は、「住民の幸せの実現」を目指していくことが使命であり、それこそが自治体としての存立意義でもあります。

「住民の幸せの実現」のために、個々の自治体が日々懸命な取り組みを進めていくのはもちろんのことですが、同じ問題意識を持つ基礎自治体同士が連携して、知恵を出し合い、互いに学び合いながら、切磋琢磨していくことを通じて、行政運営の一層のレベルアップを図っていくことが重要だと考えます。

このような考えのもと、平成一七年から住民の幸福度向上の取り組みを進めてきた荒川区が発起人代表となり、つくば市、京丹後市とともに全国の市町村に呼び掛け、五二の基礎自治体の参加により、住民の幸福実感向上を目指す基礎自治体連合、通称「幸せリーグ」を設立することとなりました。

果敢にチャレンジする首長と自治体職員たち──設立総会を経て

平成二五年六月五日に開催した設立総会では、趣意書（二二ページ参照）と規約が決定され、会長には西川太一郎荒川区長、幹事には市原健一つくば市長と中山泰京丹後市長が選出されました。西川会長は「人口や財政力等の違いを乗り越え、各自治体が手を携え、住民の皆様が幸せと感じられる行政サービスを提供していきましょう。」と挨拶をしました。また、顧問には、月尾嘉男東京大学名誉教授、小宮山宏東京大学前総長・三菱総合研究所理事長、神野直彦東京大学名誉教授、原丈人アライアンス・フォーラム財団代表理事、広井良典千葉大学教授、坂田一郎東京大学教授の六名に就任をいただき、さまざまなアドバイスをいただくこととなりました。月尾東京大学名誉教授による講演では、「物質的な豊かさが幸せの実感につながっていない。多様な尺度で幸せを考えよう」と貴重なお話をいただきました。設立総会の最後には、真に住民本位の自治体運営を実現し、誰もが幸福を実感できるあたたかい地域社会を築いていくという共同アピールを行い、閉会しました。

平成二五年七月には実務者による会議を開催し、具体的な議論をスタートさせました。北海道から九州まで五〇を超える自治体から六九名の職員が参加しました。顧問の坂田東京大学教授の講演、参加自治体から住民の幸福実感の向上を目指した取り組み等に関する報告があり、グループディスカッションでは各自治体での実施施策や課題、政策過程におけるノウハウなど生の情報を交換したり、意見交換を行ったりしました。参加者からは「他自治体でも同じような悩みを持っていると感じ、他自治体の取り組みを参考にしたい」「人口規模は違っても共通する点がたくさんあった。いろいろな思いを共有することで気付くこともある」「各自治体の実際の考え方がわかり有意義であった」などの意見が出されました。その後も定期的に実務者会議を開催するとともに、メール等を活用し、活発に意見交換を行っています。

誰もが幸福を実感できるあたたかい地域社会を目指して

幸せリーグの参加自治体は、その後も増え、現在は五五（平成二六年二月一日現在）の自治体で構成されています。参加自治体の地域の事情は異なりますが、密接な協力関係のもと、この幸せリーグの取り組みを進め、行政サービスの一層のレベルアップと職員の政策形成能力を高めて、各自治体において住民の幸福実感向上につながる政策を実施していきます。さらに、住民の幸福実感向上を目指したこのような取り組みを全国に広めていくことにより、誰もが幸福を実感できるあたたかい地域社会の構築を目指します。

住民の幸福実感向上を目指す基礎自治体連合
設立趣意書

今日、急速な少子高齢化やグローバル化など、社会経済状況は時々刻々と変化しており、行政の課題はますます多様化・複雑化している。

このような状況の中で、住民に最も身近な自治体である我々基礎自治体が果たすべき使命とは何であろうか。それは、住民の悩みや願いを受け止め、その声に真摯に向き合い、地域の将来を見据えて新たな課題に果敢にチャレンジしていくことを通じて、誰もが幸福を実感できる地域社会を築いていくことである。

真に幸福な地域社会を築いていくためには、個々の自治体が、日々懸命な取り組みを進めていくのはもちろんのこと、同じ問題意識を共有する基礎自治体同士が連携し、互いに学び合い、持てる力を結集し、補い合うことが重要である。そして、そのようなムーブメントを全国に広めていくことが、地方自治の改革ひいては幸福大国・日本の創造につながっていくものと考える。

このような趣旨から、我々は「住民の幸福実感向上を目指す基礎自治体連合（通称：幸せリーグ）」を結成する。これは、住民の幸福実感向上に向けた基礎自治体間の相互の連携・協力、自治体職員の学びの場を設けることにより、基礎自治体が互いに切磋琢磨し、行政運営の一層のレベルアップを図るものである。この幸せリーグの結成が、真に住民本位の行政の実現、そして、誰もが幸福を実感できるあたたかい地域社会の実現につながっていくものと確信する。

平成25年6月5日

住民の幸福実感向上を目指す基礎自治体連合

設立総会に出席した参加自治体及び顧問による記念撮影

設立総会での西川会長による挨拶

「幸せリーグ」の意義を読み解く

神野　直彦（じんの　なおひこ）

一九六九年、東京大学経済学部卒業。日産自動車株式会社勤務を経て、東京大学大学院経済学研究科博士課程修了。東京大学名誉教授、地方財政審議会会長。専門は財政学、地方財政論。著書に『「分かち合い」の経済学』（岩波書店、二〇一〇年）など多数。

1.「幸せリーグ」の「偉大な物語」

「幸せリーグ」が未来に向かって語ろうとする物語は、「人類」の「偉大な物語」である。というのも、この銀河系の水色の惑星とともに歩んできた人間の歴史が、終末を迎えるかもしれないという危機の時代に、肯定的な未来を取り戻すビジョンを、地域社会から実現する偉大な一歩だからである。

人間の社会が追求すべき目標を、国民経済計算上のGNPあるいはGDPの成長に求めるのではなく、人間の「幸福」の向上に求めるべきだという流れが、世界的にも大きな潮流を形成しつつあることは事実である。もちろん、経済成長も人間の「幸福」を実現するための手段にすぎないと考えれば、経済成長から「幸福」を追求することに、社会目標を転換することは、至極当然ということもできる。とはいえ、この社会目標の転換は、「持続可能性」の追求が叫ばれていくことと、深く結びついていることを忘れてはならない。

ＧＮＰやＧＤＰに代わる人間の社会を評価する尺度が注目され始めるのは、平成三（一九九一）年に国連開発計画が発表した人間開発指標（Human Development Index）である。もちろん、「幸福度」ということに関していえば、改めて紹介するまでもなく、既に一九七〇年代に、ブータン国王が「国民総幸福度（Gross National Happiness）」を提唱している。さらに平成二〇（二〇〇八）年に当時のフランス大統領サルコジ（Nicolas Paul Stéphane Sarközy de Nagy-Bocsa）が、スティグリッツ（Joseph Eugene Stiglitz）とセン（Amartya Sen）という二人のノーベル経済学賞の受賞者を指導者として、ＧＤＰに代替する指標の研究を委託したことで拍車がかかっていく。

確かに、人間の社会や経済発展を評価する指標として、ＧＤＰなどの国民経済上の指標を用いることには問題がある。それは誤解を恐れずに大胆に表現すれば、社会にとって有用な財・サービスか否かが、市場がスタンプを押すか否かで決定されてしまうという点に起因するといってよい。

料理という行為も家庭内で無償労働によって行われると、GDPには算定されないけれども、レストランでの料理という行為は、市場がスタンプを押すのでGDPに算定されることになる。逆に市場がスタンプを押しさえすれば、医療サービスであろうと、快楽に耽る娯楽サービスであろうと、「質」は無視されてGDPに算定されてしまうのである。

自然環境破壊が深刻化し、「持続可能性」が意識されるようになってくると、環境を破壊する活動も、環境破壊による汚染を処理したり、環境破壊を修復する活動も、市場がスタンプを押すため、GDPに算定されてしまうことが問題となる。つまり、GDPを高めようとすれば、環境破壊を深刻化させればよいことになる。スティグリッツが「グリーンGDP」を提唱したのも、こうしたGDPの欠陥を是正しようとしたためである。

GDPには自然環境の恵みが算定されないだけではなく、人的環境の恵みも算定されない。愛情はもとより、友情や健康など人的環境がもたらす恵みを枚挙すれば切りがない。センがGDPに算定される財・サービスに対して、GDPには算定されない「潜在能力(capacity)」という概念を提唱したのも、こうした問題意識からだといってよい。

こうみてくれば理解できるように、「幸福度」を追求しようとする背景には、GDPの増大を追求していくと、自然環境と人的環境が持続可能ではなくなってしまうという危機感が存在する。サルコジ前大統領がスティグリッツとセンを指導者に迎えたのも、自然環境と人的環境の「持続可能性」を追求することを、意図したからだといっても過言ではない。

2. 二つの環境破壊

「危機の時代」にはローマ教皇が、世界の司教や信徒に「レールム・ノヴァルム」という回勅を書き送る。明治二四(一八九一)年にはレオ一三世(Leo PP. XIII)が、平成三(一九九一)年にはヨハネ・パウロ二世(John Paul II)が「レールム・ノヴァルム」を書き送っている。ヨハネ・パウロ二世は「レールム・ノヴァルム」の中で、二つの環境破壊が深刻化していることを警告している。一つは自然環境の破壊であり、もう一つは人的環境の破壊である。

GDPの飽くなき成長を求めると、自然環境が破壊され、成長にも限界があるという認識は、昭和四七(一九七二)年のローマクラブの「成長の限界」で明言している。昭和四八(一九七三)年に生じた石油ショックは、この「成長の限界」を雄弁に物語っていたのである。

しかし、この「成長の限界」では化石燃料など再生不能資源の枯渇が問われていた。そこで化石燃料に代わる原子力などの代替資源を、市場が見い出すことで、「成長の限界」を克服できるとして、GDPの成長が追い続けられた。そのため自然環境の破壊は、再生不能資源の枯渇から、再生可能資源の枯渇へと進んでしまう。つまり、自然の自己再生力が破壊され、自然環境の「持続可能性」を問わざるをえなくなったのである。

しかし、GDPの飽くなき拡大を求めると、自然環境だけではなく、人的環境も破壊されてしまう。というのも、GDPを拡大しようとすると、市場でスタンプを押してもらう領域を拡大しなければならないからである。つまり、家族やコミュニティという愛情や友情という「生」を「共」にするために無償労働で担われていた人間関係を、市場を媒介にした関係に置き換えなければならない。ヨハネ・パウロ二世は「レールム・ノヴァルム」で、人間はまだまだ不充分ではあるが、自然環境の破壊については、その存在を認識し始めたけれど、人的環境の破壊については、その存在すら気づいていないと警告していたのである。

3. 社会システムの補完・補強

市場でスタンプを押される人間関係だけでは、人間は生存することができない。生後間もない幼児は、市場でスタンプを押してもらう労働ができないために、所得を稼得することができない。所得が稼得できなければ、市場で生存に必要な生産物を手に入れることができないために、座して死を待つしかないのである。

それだからこそ、人間は、家族という共同体を形成している。家族の内部では共同体的共生意識にもとづいて、財・サービスは必要に応じて分配されるからである。

人間の社会は本来、政治も経済も共同体的人間関係のもとに統合されていた。ところが、近代市場社会になると、生活の場と生産の場が分離し、三位一体であった政治システム、経済システム、社会システムが三角形の関係になってしまう。

図1　市場社会の三つのシステム

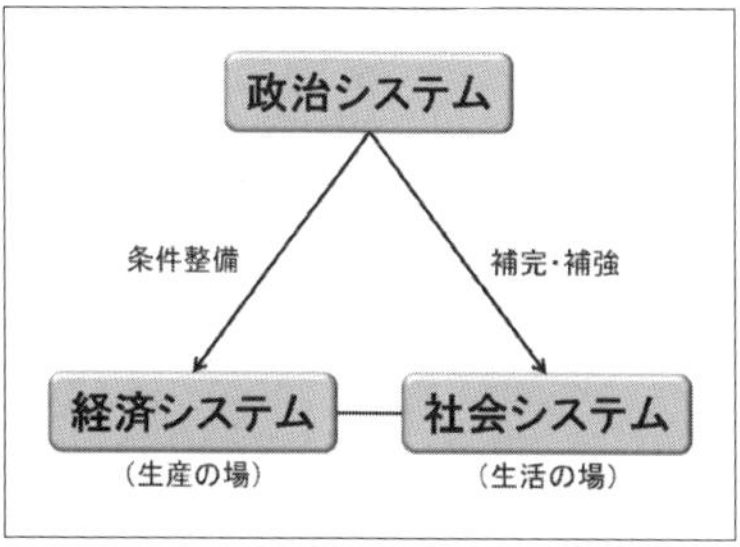

それは近代市場社会では、人間は三つの顔をもっていると言い換えてもよい。一つの顔は経済システムで生産に従

事する顔である。もう一つの顔は社会システムで家族をなして、地域社会で生活をする顔である。最後の一つは被統治者であると同時に統治者であるという民主主義のもとに、政治システムに参加するという顔である。

もちろん、生産・分配が実施される経済システムは、市場原理で営まれている。前述のようにGDPを増大させることは、共同体的人間関係で営まれる社会システムの領域を侵食し、市場原理で営まれる経済システムの領域が拡大していくことを意味する。

しかし、それは家族やコミュニティによる相互扶助や共同作業による生活保障機能が急速に衰退していくことになる。もちろん、そうなると市場による所得格差や不安定性で、社会システムでの生活に動揺が生じる。それは社会システムに亀裂や抗争が生じることを意味し、社会統合が困難に陥る。

社会統合は政治システムの使命である。そこで政治システムが、社会システムの機能を代替して、補完・補強する必要性が生じてくる。GDPの増大を追求するのであれば、政治システムは社会システムの補完・補強機能から撤退して、経済システムの補強装置となる必要がある。これに対して「幸福」を追求するのであれば、政治システムは社会システムの補完・補強に乗り出さざるをえないのである。

4.「幸せリーグ」のミッション

ヨハネ・パウロ二世は、人間には所有欲求と存在欲求の存在することを指摘している。所有欲求とは外在物を所有したいという欲求であり、所有欲求が充足されると、人間は豊かさを実感する。

存在欲求とは人間と人間とが調和したい、人間と自然とが調和したいという欲求である。それは「生」を「共」にし、愛し合いたいという欲求だといってもよい。存在欲求が充足されると、人間は「幸福」を実感することができる。

そうだとすれば、経済システムでGDPを増大させれば、人間は豊かさが実感できることになる。これに対して社会システムの機能が充実していると、「幸福」が実感できることになる。

しかも、「生」を「共」にするという共生意識の存在する社会システムでは、存在欲求が充足されるとともに、所有欲求はほどよく抑制される。というのも、人間の生命が自己再生される共同体では、人間と自然とが調和し、人間と人間とが「生」を「共」にし調和することが目指されるからである。それは人的環境と自然環境との「持続可能性」を追求す

図2　これからは心の豊かさか、まだ物の豊かさか（時系列）

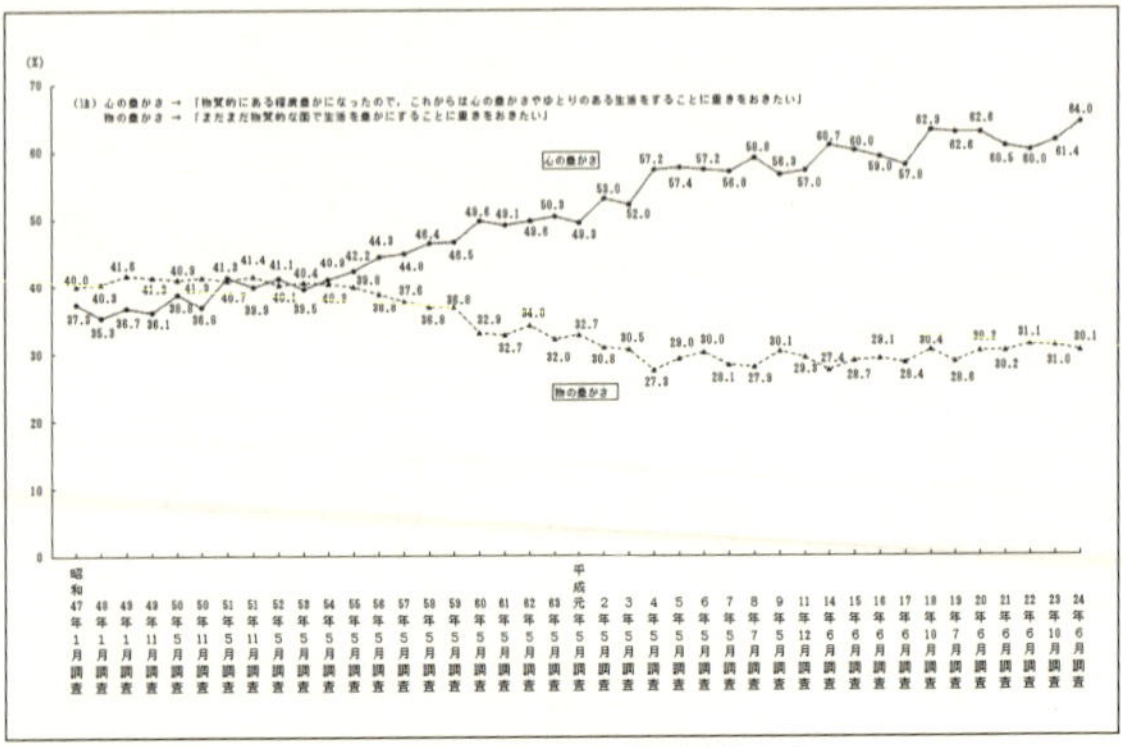

内閣府「平成24年度 国民生活に関する世論調査」より

ることにもなるといってよい。

　GDPを指標として地域社会づくりをすることは、存在欲求を犠牲にして所有欲求を充足することを意味する。それは人間の歴史に忌わしく纏わりついていた物質的欠乏を解消するためには意義があったといってよい。

　しかし、図2を見れば、「成長の限界」が叫ばれた頃から「物の豊かさ」よりも、「心の豊かさ」を望む国民が多くなってきている。現在では「心の豊かさ」を望む国民は、「物の豊かさ」を望む国民の二倍にも達している。つまり、日本国民は所有欲求よりも存在欲求を充足し、「豊かさ」よりも「幸福」を望んでいるのだといってよい。

　「幸せリーグ」は「幸福」を望む国民の願い

に、素直に向き合う地方自治体の集いである。もっとも、それは地域社会における経済システムの機能を疎かにすることを意味しているわけではない。貧しければ、健康をも維持できず、「幸福」になれないことも事実である。しかし、「イースタリンのパラドックス」が指摘するように、一定の所得水準を超えると、所得が増加しても「幸福」は高まらない。というよりも、経済システムは社会システムのフィルターを通してしか、「幸福」に影響を及ぼさない。つまり、貧しいがゆえに、家族生活や地域社会での生活が充実できないため、「幸福」になれないのである。

したがって、経済システムが機能するための条件整備の役割を地方自治体が果すとしても、「幸せリーグ」に集う地方自治体は、あくまでも「生活の場」としての地域社会を活性化することを目指していく。もちろん、社会システムを充実させるといっても、家族やコミュニティというインフォーマル・セクターを活性化させるだけではない。社会システムにはインフォーマル・セクターとともにボランタリー・セクターもある。つまり、さまざまな住民組織が存在する。こうしたボランタリー・セクターを含め、地域社会における人間と人間との調和、人間と自然との調和を目指していくことになる。

このように「生活の場」としての地域社会を重視していくには充分な理由がある。それは現在の危機の時代が、工業社会から知識社会への転換期でもあるからである。工業社会では生産機能が地域社会の磁場になる。つまり、工業などの生産機能の存在する地域社会に人間が集住する。

ところが、知識社会では生活機能が地域社会の磁場となる。つまり、生活機能の充実している地域社会に集住することになる。知識社会を担う人材は、生活機能が充実している地域社会で育つからである。しかも、知識社会で知識を生産するために、惜しみなく知識を与え合わなければならない。つまり、「幸福」を実感させる人間と人間との相互依存関係、人間と自然との相互依存関係が、知識社会のインフラストラクチュアとなるのである。

「幸せリーグ」は未来への海図を描き、未知の大海へと船出をしようとしている。この船出は人間の歴史の最後の選択となるかもしれない「偉大な物語」なのである。

ポスト成長時代の幸福政策――幸せはローカルから

広井　良典（ひろい　よしのり）
東京大学・同大学院修士課程修了。厚生省勤務を経て、千葉大学法経学部教授。専門は、公共政策及び科学哲学。著書に、『コミュニティを問いなおす――つながり・都市・日本社会の未来』（ちくま新書、二〇〇九年、第九回大佛次郎論壇賞受賞）など多数。

はじめに――「幸せリーグ」の意味するもの

荒川区の呼びかけを受けて「幸せリーグ」、すなわち「住民の幸福実感向上を目指す基礎自治体連合」が発足したのは、次のような意味で画期的なものと感じている。

すなわち荒川区の「GAH（グロス・アラカワ・ハピネス）」は、もちろんブータンの「GNH」に触発されたものだが、その最大のポイントは、「幸福」の意味やその政策指標を、国レベルではなく自治体レベルあるいはローカルなレベルで考えていくという点にあるだろう。

思えば、社会のあり方や指標を「国（ナショナル）」レベルで考えるという点では、実はＧＮＨ（国民総幸福）もＧＮＰ（国民総生産）も共通している。そうではなく、「幸福」というものは地域によって多様であり、またそれはローカルなコミュニティに根ざすものであり、かつ何が「幸福」か（あるいは幸福の指標として何が重要か）それ自体を含めて、地域住民ができる限り参加する形で議論し、必要な政策展開や可能な指標化を行っていくという点に「ＧＡＨ」の思想の核はある。

つまり「ローカル性」や地域の自治という点が重要なのであり、したがって幸せリーグは、幸福指標や政策に関する国レベルではなく自治体レベルの取り組みとその連合という意味で、世界的に見ても先駆的な試みと言えるのではないだろうか。

地域の多様性と若い世代のローカル志向

さて、「幸せリーグ」ないし幸福指標と私たちが生きている大きな時代状況との関連を考えると、改めて言うまでもなく、日本は平成一七（二〇〇五）年から人口減少社会となり、ここ一、二年ほどの間にその傾向が本格化しつつある。

この場合、高度成長期に象徴されるような「成長・拡大」の時代においては、工業化（産業化）というベクトルを中心に、『社会全体が一律の方向に向かっていく』という強力な推進力が働くため、いわば「時間軸」が優位の時代となる。そして、すべてをそうした一元的なものさしで評価し、さまざまな地域を『進んでいる―遅れている』という形で時間軸上に位置付ける傾向が強まるのである―例えば『東京は進んでいる―地方は遅れている』『アメリカは進んでいる―アジアは遅れている』といった具合に。

しかし現在の日本のように、モノがあふれ、人々の物質的な需要が飽和しつつある時代においては、これまでのような単純な「成長・拡大」という方向や、すべてを時間軸上で考えるような発想は徐々に背景に退いていく。そしてむしろ、それぞれの地域がもつ固有の特徴や個性、その風土的・文化的特性といったものに人々の関心が向くようになるのである。

いわば時間軸に対して空間軸、つまり各地域の固有の価値や多様性ということが前面に出ることになるのが、人口減少時代あるいは成熟時代の大きな特徴と言えるだろう。

そして、こうした時代の変化を自然に感じ取っているのが特に若い世代であり、既にさまざまなところで述べてきたが、私にとって身近な学生や若者を見ていても、地域や「ローカルなもの」への関心が大きく高まっているのが近年顕著となっている。

例えば静岡出身のある学生は『自分の生まれ育った町を世界一住みやすい場所にする政策を掘り下げること』をゼミ志望の理由に挙げていたし、別のある学生は「愛郷心」ということに注目し、それを軸にした地域コミュニティの再生を卒論のテーマにしていた。また、三年ほど前に大学を卒業して東京の某大企業で働いていた男子の元ゼミ生から先日連絡があり、自分はやはり地元の活性化に関わっていきたいので、いまの会社をやめて郷里(岐阜の高山)の地場産業の企業で働くことにしたという。彼は人間的な面も含めてもっとも優秀な層に入る学生で、学科を首席で卒業していたはずだ。

これらはほんの例示に過ぎず、似たような話は枚挙に暇がない。こうした若い世代の志向について、最近の若者は『内向き』になったとか、『外』に出ていく覇気がないといった批判がなされることがあるが、これほど的外れな意見はないと私は思う。以上のような若い世代のローカル志向は、「地域の幸福」というテーマと深く関わり、むしろ『日本を救っていく』動きと見るべきであり、それに対する政策的な支援策こそが求められている。

ちなみにこうしたことに関連する興味深い事実として、地域の「祭り」が活発な場所においては、若者がその地域にとどまったり、Uターンしてくる割合が大きいという指摘がある。最近の例だが、ゼミの女子学生で、一年の予定でスウェーデンに留学したが、自分の育った地元の活性化に貢献したいという思いが高まり、留学期間を半年に短縮して帰国したということがあった。彼女の出身は茨城県の石岡市で、「石岡の祭り」が有名な場所だが、その学生にとってこの祭りの存在が地元への愛着や思いにとって大きかったそうだ。

つまり「地域の幸福」ということを考えるに当たっては、従来型の経済や産業中心の視点だけでは不十分で、その地域の伝統文化や行事といった、高度成長期には人々の意識の中心からはずれていったものを再発見・再評価していくことが重要な要素になるのである（ちなみにこうした点に関し、私自身は「鎮守の森・自然エネルギーコミュニティ構想」というプロジェクトを進めている[*2]）。また一般に、どのような地域において若者の定着やUターンが多いかという点に関する「Uターン分析」とも呼ぶべきアプローチや調査研究が重要となるだろう。

地域によって異なる政策課題

一方、「幸福」というテーマや政策を地域レベルで考えていく場合、都市―農村や人口規模といった地域の特性によっても課題は多様であり、一律に論じられない性格をもっている。

こうした点に関し、私は平成二二（二〇一〇）年に全国の自治体に対し、人口減少を踏まえたうえでの「地域再生・活性化に関するアンケート調査」という調査を行った（市町村分については全国市町村の半数及び政令市・中核市・特別区で計九八六団体に送付し返信数五九七、回収率六〇・五パーセント。なお調査結果の詳細は参考文献[*1]を参照）。

この中で、「貴自治体において現在直面している問題ないし政策課題で、特に優先度が高いと考えられるもの」についての問いへの回答では、図1に示すように自治体の人口規模において大きな違いが見られた。

すなわち自治体にとって優先度の高い政策課題として、「少子化・高齢化の進行」はあらゆる規模の自治体を通じて共通する一方で、

- 「人口減少や若者の流出」は、圧倒的に小規模の市町村（＝地方の中小都市や農村部）において大きな問題となっており、
- 逆に大都市圏では、「コミュニティのつながりの希薄化や孤独」といった、いわばソフト面の問題が上位の課題であり、また「格差・失業や低所得者等の生活保障」もかなりの多数にのぼっており、

図1　地域における特に優先度の高い政策課題（市町村人口規模別）

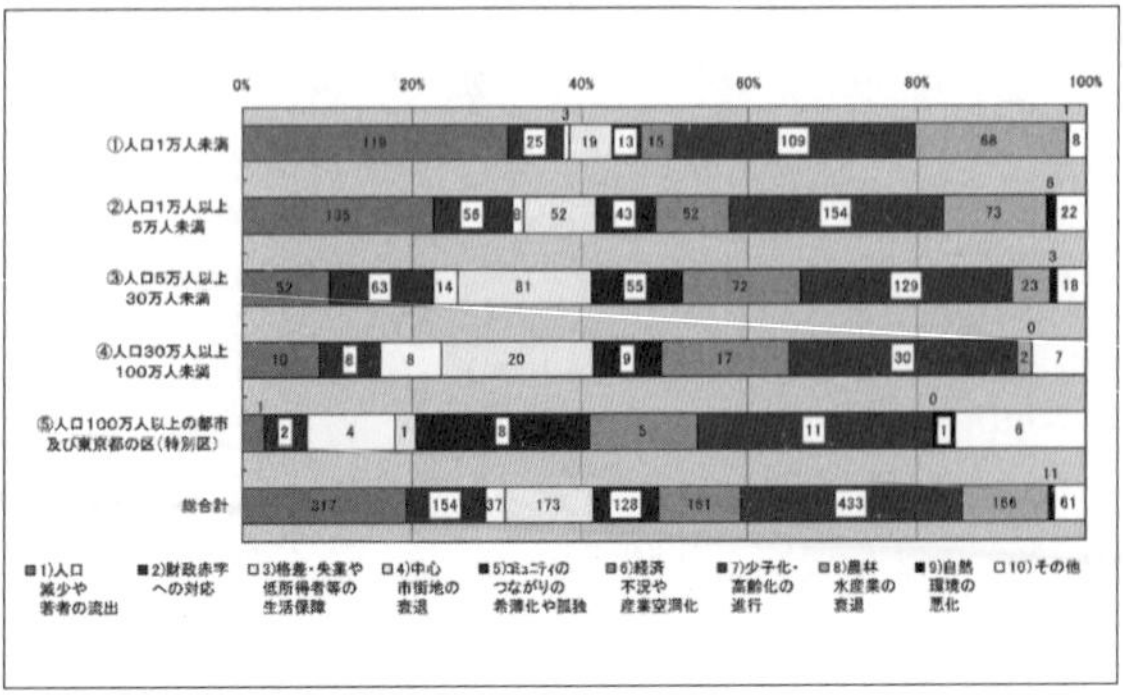

・中堅の地方都市などでは、「中心市街地の衰退」が特に大きな課題となっている、という傾向である。

これらはいずれも地域の「幸福」と深く関わるテーマ群であり、日本の各地域における幸福度指標や具体的な政策課題を吟味していくに当たっては、こうした大きな視野での地域の特性を踏まえながら、特に優先度の高い課題に取り組んでいくことが重要になるだろう。

一方、以上のように「幸福」をめぐる具体的な政策課題は各地域の特性によって大きく異なる半面、これからの時代状況において共通する方向やポイントもあると私は考えている。それらをここで詳述することは困難だが、特に以下の五点が重要と思われる。

（1）コミュニティ経済

地域の中でヒト・モノ・カネがうまく循環し、コミュニティと経済が再融合するような仕組みづくりが重要となる（例えば『福祉商店街』、自然エネルギー・農業関係、団地関係、高齢者・若者関係など）。なおこれには「都市型」のものと「農村型」のものがあり、前者に関しては横浜市の最近の取り組みを参照（同市の『調査季報』一七一号〔二〇一一年二月号〕での「コミュニティ経済」特集 http://www.city.yokohama.lg.jp/seisaku/seisaku/chousa/kihou/171/）。

（2）福祉都市

中心部から思い切って自動車交通を排除し、商店街などとともに歩行者が『歩いて楽しめる』空間を作り、かつ高齢者向けケア付き住宅や若者・子育て世代向けの公的住宅を中心部に誘導するようなまちづくりや交通政策・福祉政策が重要で、これは人々の「コミュニティ感覚」や地域への愛着、ひいては幸福度と深く関わるだろう。

（3）人生前半の社会保障

先ほどの若者の話とも関連し、また荒川区における「子どもの貧困」への取り組みとも関わるが、子どもや若い世代に対する社会保障や支援策が日本においては大きく不足していることを踏まえ、こうした支援をいかに充実させるかが地域の持続可能性や「幸福」にとって重要なポイントとなる。

（4）地域の伝統文化の重要性や再発見

先述のとおり。

（5）都市・農村関係の再構築

地域の幸福を考えていくといっても、それぞれの地域は孤立して存在するわけではない。この場合、東日本大震災でも明らかになったように、食料やエネルギーの「マテリアル・フロー」を見た場合『大都市が地方都市や農村部に依存している』のが実情であり、しかもそこにはある種の不等価交換が存在している。[*1]

したがって国内の都市と農村が『持続可能な相互依存』の関係を築けるためには、先ほどの「ローカル志向」をもった若者への支援や、自然エネルギー買取り制度などに見られるような、都市―農村あるいは中央―地方間の新たな連携や再分配システムが、従来とは異なる論理のもとで求められている。

ここにおいて、大都市圏から農村部までの多様な自治体が参加する「幸せリーグ」は、高度成長期において分断されがちであった「都市―農村」関係や両者のつながりの再構築という面でも意義をもつことになるだろう。

本稿で述べてきたように、「ローカルなもの」の重要性がいやおうなく高まる成熟社会あるいは人口減少社会は、むしろ一つの希望であり、また日本社会が真の「幸福」を成就していくことに向けた新たな出発であり、「幸せリーグ」がそうした動きを先導する運動として展開していくことを期待したい。

〈注〉

＊1 広井良典『創造的福祉社会――「成長」後の社会構想と人間・地域・価値』、ちくま新書、二〇一一年

＊2 広井良典『人口減少社会という希望――コミュニティ経済の生成と地球倫理』、朝日選書、二〇一三年

世論調査から見えた幸福実感

坂田　一郎（さかた　いちろう）

一九六六生まれ。東京大学経済学部卒、ブランダイス大学国際経済・金融学大学院修了、工学博士（東京大学）。一九八九年経済産業省入省、二〇〇八年より東京大学へ。現在は工学系研究科教授兼総合研究機構イノベーション政策研究センター長、荒川区教育委員。

荒川区における幸福実感の調査

幸せリーグの設立を発起した荒川区では、これまで他地域に先駆けて詳細な「荒川区政世論調査」を実施してきている。この調査は、世論調査として幅広い内容を含むものであるが、区が基本構想（平成一九年三月策定）で掲げる「生涯健康」、「子育て教育」、「産業革新」、「環境先進」、「文化創造」、「安全安心」の六つの都市像においての幸福度に関する質問項目を多く含んでいる。区ではこれまで、この調査結果を、幸福実感の全体像や主要な項目ごとの幸福実感の推移等の把握に役立ててきている。また、この調査は、幸福指標の検討においても有用な知見を提供するものであった。平成二五年一〇月に実施した「荒川区民総幸福度（GAH）に関する区民アンケート調査」に先立ち、この区政世論調査の個票（匿名化済みデータ）を用いて、調査によって得られる情報からどのような種類の知見が抽出できるのか、試験的な分析を行った。本節では、その分析の要点を紹介したうえで、基礎自治体における幸福度に関する調査の活用と今後の展望を考えたい。

幸福実感の分析の手法

荒川区政世論調査は、約三〇の幸福度に関連した質問項目とそれについての回答選択肢を持っている。これらは、年ごとに多少の差異はあるが、おおむね同一とみなせる範囲であり、時系列での比較も可能である。また、調査に協力いただだいている区民の回答者数は、毎年、約一〇〇〇名と調査の規模も大きい。分析に当たっては、まず、回答者と回答との対応関係の全体像を行列データとして整理をした。そのうえで、多様な知見を抽出するため、三種類の分析手法を導入した。一つ目は、相関分析である。これを用いて、質問項目は、その中で、区民の回答傾向が似通っている項目の組み合わせを特定した。質問項目は、その内容から課題や関心、ニーズと読み替えることも可能である。区民が近いものと考えている課題や関心等を探し出す。二つ目は、クラスター分析である。この手法を用いて、二つのことを行った。一つは、質問全体でみて、似通った回答をしている区民のグループ化である。よく幸福実感には、多様性があり、したがって、それを捉えるのはむずかしいのではないかと言われる。ここでは、区民の方々の中にある多様性自体の把握を試みた。もう一つは、潜在的にある区民の関心や課題、ニーズのうち、回答傾向すなわち区民の実感からみて、近いと考えられる項目をグループ化することである。三つ目は、要因を知るための回帰分析である。住民の「幸福度」とそれに大きな影響を与える要素であり、かつ、基礎自治体にとって重要な「地域への愛着」の二点について、それらを左右する重要な諸要素を特定した。

分析結果の要点

まず、最初に、六つの都市像ごとに質問項目をまとめることで、区民の実感に基づいて六つの都市像間の相関（関連性）を計算した（図1参照）。その結果、「子育て教育」と「環境先進」、「生涯健康」と「安全安心」の間等の関連性が高いことが明らかになった。ただ

図１　相関の高い（関心の近い）都市像の分野

	平成24年	平成23年	平成22年	平成21年	平成20年
1	産業革新 - 子育て教育	子育て教育 - 環境先進	子育て教育 - 環境先進	子育て教育 - 環境先進	子育て教育 - 環境先進
2	産業革新 - 安全安心	生涯健康 - 安全安心	生涯健康 - 安全安心	生涯健康 - 安全安心	生涯健康 - 安全安心
3	子育て教育 - 安全安心	文化創造 - 産業革新	文化創造 - 産業革新	文化創造 - 産業革新	産業革新 - 安全安心

し、直近の平成二四年だけは、「産業革新」と「子育て教育」との間の関連性が最も高くなっている。この結果は、関連性が高いと示された都市像の分野に属する区の施策の企画や実施において、行政領域や組織の壁を超えた連携が有意義であることを示唆している。また、六つの都市像を統合する更に上位の概念（全体目標像）を検討する場合にも、こうした情報は有用と考えられる。次に、個別の質問項目ごとに、関連の高い質問の組み合わせを特定した。特に高いものとしては、「頼られること」と「活躍する場があること」、「地域への愛着」と「頼られること」及び「活躍する場」、「健康」と「食生活」、「社会貢献」と「余暇の充実」、「食生活」と「住まいの充実」等である。因果関係は、また別の議論であるが、例えば、食と健康にまたがる食育の重要性は既に認識されていることが伺える。こうした組み合わせに含まれる課題やニーズに対応する諸施策については、関連付けて政策検討や評価

図2　同じ回答傾向を持つ区民グループごとの「幸福度」の比較

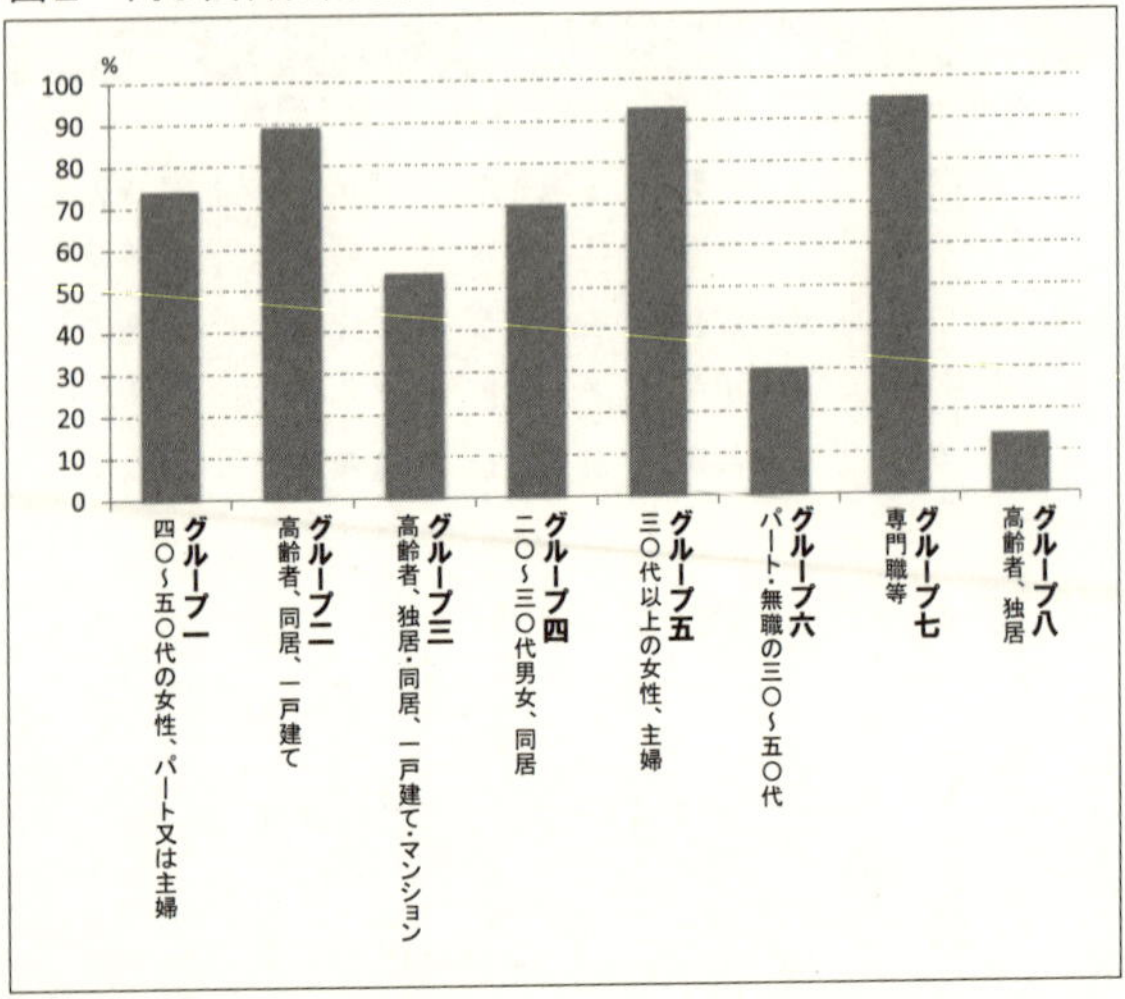

を行うことが望ましいと考えられる。

　次に、質問項目全体としてみた時に、似通った回答傾向を持っている回答者をグループとして抽出した（図2参照）。グループは、粗く分けることも細かく分けることも可能であるが、今回は、直観的に多様性の所在や背景がわかるように、一グループに属する回答者が一〇〇名程度になるように行った。その結果、同じ回答傾向を持つ、次の八つのグループが特定された。グループ一（四〇～五〇代の女性、パート又は主婦）、グループ二（高齢者、同居、一戸建て）、グループ三（高齢者、独居・同居、一戸建て・マンション）、グループ四（二〇～三〇代男女、同居）、グループ五（三〇代以上の女性、主婦）、グループ六（パート・無職の三〇～五〇代）、グループ七（専門職等）、グループ八（高齢者、独居）である。括弧内は、当該グループに所属する回答者に多い属性（年齢、職業等）を示している。また、グループ別に高齢化率を計算するとグループ間で大きな差異があることがわかる。これらは八つのグループについて、「幸福度」を比較すると、大いに幸福と思う又はやや思うと回答した者の比率は、グループ二、五、七が九〇パーセント前後であるのに対して、グループ六や八は三〇パーセント以下であり、区民の幸福実感に大きなばらつきがあることが明らかとなった。このばらつきを生み出している要因（多様性の背景）についてはグループごとの回答傾向の特徴や回答者の属性を更に細かくみていく必要があるが、経済状況、健康、住まいの環境等が総合的に影響していることが伺える。

最後に、「幸せに感じる要因」と「地域への愛着を生む要因」の抽出である。幸福度について、「大いに幸せ」と思う背景としては、「余暇の充実」、「良好な家族関係」、「住まいへの満足」、「生活の余裕」、「生きがいの存在」、「頼りにされている感覚」が重要であることがわかった。逆に、「幸せと思わない」の背景としては、「窓口への陳情」、「活躍する場がない」、「生活に余裕がない」、「家族関係が良好でない」こと等があることがわかった。地域への愛着については、高い愛着を生み出す背景として、頼れる人がたくさんいる、自然や街並みの良さ、生活の余裕、区内の産業の振興を重視、人権擁護への注力等があり、逆に愛着の低さの背景には、居住年数が短い、頼れる人がいない、住まいに不満、余暇が充実していない、地域の行事への不参加があることがみえてきた。また、地域への愛着感は、「幸せだとやや思う」と「幸せだとあまり思わない」グループとの間で際立った違いがあることも明らかとなった。

最後に、「課題・関心・ニーズ（質問項目）」と「八つの区民グループ」を縦横にとってそれらの間の関連性について分析を行った。この結果、幸せだと考えている回答者のグループは、文化芸術、教育・子育て・子どもの安全、公園・緑化に高い関心があり、「防災・防犯」や「生活環境」、「リサイクル・消費者対策・福祉」等については、幸福度の高い低いや全体の回答傾向に関わらず、どのグループにとっても関心の高い事項であることが明らかとなった。

幸福指標に関する調査研究の展望

今回、分析対象とした区政世論調査に比べ、荒川区民総幸福度（ＧＡＨ）研究の成果に基づいて実施された新たな「荒川区民総幸福度（GAH）に関する区民アンケート調査」は、幸福度に関するより多様で適切な質問項目となっている。四〇項目を超える調査への協力の労に報いるためにも、調査結果を最大限に活用する姿勢が欠かせない。この新たな調査の結果に対して、今回、試行した分析手法を用いることで、区民の方々の幸福度に関してより充実した知見が得られるものと考えられる。行政サービスについては、サービスマーケティングの手法が普及している民間サービスと比較して、受け手のニーズの把握が不十分になりがちである。総幸福度調査とその多面的な分析は、課題やニーズのよりよい把握に役立ち、その利用により行政サービスの充実が期待できる。

環境や行政ニーズに関する地域差に応じて地域独自の修正を施すことを前提として、荒川区における総幸福度調査は他の地域における調査のモデルとなりうる。今後、幸せリーグの参加自治体においても、同様の調査が実施されれば、地域を超えて調査結果を横に比較することが可能となる。相対的な比較によって、それぞれの地域環境や住民ニーズの特徴をより的確に知ることが出来よう。

「幸せリーグ」参加自治体一覧（55自治体）

平成26年2月1日現在

自治体名	
北海道	釧路市
	北見市
	北広島市
	斜里町
	広尾町
青森県	むつ市
岩手県	釜石市
	滝沢市
宮城県	女川町
山形県	米沢市
	鮭川村
福島県	福島市
	二本松市
	桑折町
	石川町
	小野町
茨城県	取手市
	つくば市　幹事
	かすみがうら市
栃木県	小山市
群馬県	桐生市
埼玉県	秩父市
	川島町
千葉県	鴨川市
	大多喜町
東京都	荒川区　会長
神奈川県	大和市

自治体名	
新潟県	三条市
	妙高市
	津南町
富山県	南砺市
	射水市
石川県	珠洲市
山梨県	南アルプス市
	北杜市
長野県	青木村
岐阜県	大垣市
愛知県	豊田市
	安城市
	高浜市
	長久手市
	武豊町
三重県	松阪市
	亀山市
滋賀県	草津市
	守山市
京都府	京丹後市　幹事
兵庫県	川西市
	多可町
島根県	益田市
山口県	防府市
徳島県	上勝町
福岡県	田川市
佐賀県	佐賀市
大分県	中津市

第2章

基礎自治体の挑戦——住民の幸福実感向上のための施策

北海道　釧路市《くしろし》

社会的包摂の実現に向けて

市長……蝦名　大也（えびな　ひろや）
面積……一三六二・七五平方キロメートル
人口……一八万一六〇人（平成二六年一月一日現在）

高齢者や障がいのある方々が安心して暮らせる地域社会づくり「成年後見制度」

釧路市では、独居のお年寄り、認知症や障がいのある方々が、住み慣れた地域でこれからも安心して暮らし続けられるよう、日常生活の見守りや財産管理を代行し、権利を擁護する成年後見制度の普及と地域での定着を進めています。

超高齢社会等の進行に伴い、この制度の重要性やその機能を支える後見人の需要が高まりを見せる中、平成二三年度より厚生労働省の市民後見推進モデル事業に採択され、東京大学政策ビジョン研究センター市民後見研究実証プロジェクト宮内康二特任助教の専門的見地からのご指導をいただきながら、後見人養成カリキュラムなど充実した養成環境の整備を図り、これまで八〇名の市民後見人を養成し、うち三〇名が家庭裁判所より後見人等として選任されています。

あわせて、安定的で円滑な後見活動を続けるため、市民後見人が過度な負担を負わずに、安心して後見活動ができるバックアップ体制の整備や、「サポートが必要な市民」と「市民後見人」をつなぐことのできる利用促進体制の整備を図るなど、市民後見人制度の定着に向けた取り組みを積極的に進めてきました。

これら行政の動きに伴い、市民後見人活動の更なる拡充と責任の明確化を目指し、二つのＮＰＯ法人も誕生しております。

平成二五年度には市民後見人による成年後見活動を社会福祉士や弁護士ら専門職がサポートする「釧路市権利擁護成年後見センター」を釧路市社会福祉協議会に業務委託する形で開設する運びとなりました。このことにより市民後見人が後見活動を円滑に行うことができる環境が整い、安心して活動できることとなりました。あわせて、誰にもわかりやすい相談窓口が開設され、制度の普及啓発などがより深まるものと考えております。

生活保護受給者の自立に向けて「くしろ自立支援プログラムのススメ」

当市の生活保護の状況は、基幹産業である漁業・紙パルプ産業の低迷や、平成一四年の太平洋炭鉱の閉山による地域経済の疲弊や厳しい雇用情勢から、平成二五年一月現在一万人（六五〇〇世帯）を超え、市民の一八人に一人が受給するという北海道で最も高い水準（五・五パーセント）にあります。

旧来、生活保護受給者を減らすために、生活の監視や不正受給のチェック業務等を行い、就労自立に向けての指導指示を中心に進めてまいりましたが、それだけでは、社会復帰に必要な意欲や自信の回復は図られず、保護からの脱却が困難な状況となっていました。

そこで当市では平成一五年度に検討委員会を設置し、具体的な取り組みについて協議を始めたところ、専門家や学識経験者によるワーキンググループから、「強制ではなく受給者のやりたいことを引き出して応援することが大切」という意見を発端に、管理監督から自立を支援する視点への施策に着眼点を転換しました。

これまでの調査から、幼児を抱える母子世帯は子育てが大きな壁となり、再就職が困難である実態が明らかだったため、市の保育所を活用して一時的に子どもを預かる環境を整えたうえで、訪問介護ヘルパーに同行するボランティア事業を実施しました。

その後、参加者から資格取得の要望を受け、同養成講座費用の補助を実施したところ、一六人がヘルパー免許を取得し、一年後には全員が仕事に就くことができました。

受給者の希望や適性に合った居場所を作ることで規則正しい日常生活を取り戻すこと、多くの人と接しながら社会と関わる喜びを実感することが「自立支援プログラム」の重要なポイントです。平成二四年度は、一八事業所八九五人が自立支援プログラムに参加し、二四五人が新たな職に就き、うち八〇人が保護からの脱却を果たしました。

また、稼働率の上昇と外に出る機会が増えたことなどにより、健康になった人が増加したことで、市民一人当たりに換算した月額扶助費の低減にもつながっています。

これまでの取り組みを「くしろの自立支援プログラムのススメ」として冊子にまとめたことで、視察件数は平成二四年度に八三件と全国から衆目を集めることとなり、このことが職員の意識向上につながり、職場の雰囲気も明るくなっています。

当市は同じ地域で暮らす誰かが地域社会から取り残されることなく、みんなが安心して暮らせるよう、社会的包摂の実現に向け取り組んでいます。国のモデル事業に採択いただけたフロントランナーとして、全国に向けての情報の発信と共有に努めながら、これからも先進的なチャレンジを試み続け、住民の福祉の増進を図ってまいりたいと考えております。

北海道　北見市《きたみし》

笑顔があふれる未来に向けて

市長……櫻田　真人（さくらだ　まこと）
面積……一四二七・五六平方キロメートル
人口……一二万三四〇一人（平成二六年一月一日現在）

四季折々の魅力あふれる街

平成一八年三月五日、北見市、端野町、常呂町、留辺蘂町が合併し、新「北見市」が誕生しました。

当市は、北海道の東部に位置しており、四季折々の鮮やかな自然とゆとりある都市空間を有する「北見」、美しく広大な田園が広がる「端野」、日本有数のホタテの産地として知られる「常呂」、北海道屈指の温泉郷・おんねゆ温泉がある「留辺蘂」の、それぞれ魅力にあふれた四つの地域が一つになったまちです。

また、当市は戦前、世界のハッカの七割を生産し、ハッカの街として知られ、最近では、平成二四（二〇一二）年七月に「山の水族館」をリニューアルし、日本最大の淡水魚イトウの展示や、世界初の冬に凍る四季の水槽を設置するなど、北海道の魅力が体感できる水族館として、全国的に話題となっています。

当市は、豊かな自然環境や多彩な地域資源に恵まれ、農林水産業を基盤にオホーツク地域の産業・経済の中核都市として発展しています。

また、晴天日が多く、これまで国内初の公道を走行するソーラーカーレースを開催したほか、国立大学法人北見工業大学とのソーラーエネルギー実証事業を実施するなど、「ソーラーのまち」としても知られ、大学や地域、企業、行政が連携し、地場産業の振興や新産業の育成を図るなど、活力あるまちづくりを目指しています。

さらに、少子高齢社会に対応するため、医療や介護、福祉の充実と各分野の有機的な連携を図るとともに、児童・生徒の学びやすい環境を整え、小中学校の耐震化や学力向上など、あらゆる教育環境整備を積極的に推進しています。

新しい北見の未来へ挑戦（まちづくりパワー支援補助金）

まちづくりパワー支援補助金は、地域の活性化に向けて、地域住民が自ら考え、自ら実践する北見市にふさわしいまちづくり活動を支援することにより、個性豊かで活力ある、住みよい地域社会を構築することを目的として行われる取り組みに対して支援する事業です。

合併によって旧市町単位に置かれた自治区[*1]の振興を目指して行う自主的で誰もが参加できる公益的な活動、例えば、子どもの健全育成や医療・福祉の増進、地域の伝統・文化・スポーツ等の振興、安全・安心な地域づくりを推進するための事業などが対象となっており、これまで、子どもや高齢者等の見守り・防犯パトロールによる安全安心の地域づくりや、雪合戦大会・ラグビー教室の開催によるスポーツ振興、植樹等による市民が集う名所づくり、ご当地グルメによるまちおこしなどの事業が行われています。

＊1　自治区とは、北見市自治区設置条例に基づき、合併前の旧一市三町の区域ごとに設置し、市長の権限に属する事務を分掌させるとともに、地域自らの責任と選択に基づく住民参画と協働による住民自治の推進、住民の意見が市政に反映され、住民と行政が密接

に連携できる体制の構築及び地域の特性を活かした個性豊かな活力あるまちづくりに資することを目的として設置しています。

「食」を通じたまちおこしに取り組む仲間たち

タグラグビー教室の様子

北海道　北広島市《きたひろしまし》

「希望都市」「交流都市」「成長都市」の実現

市長……上野　正三（うえの　まさみ）
面積……一一八・五四平方キロメートル
人口……五万九九三一人（平成二六年一月一日現在）

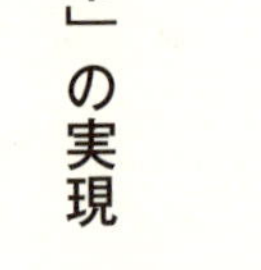

自然と創造の調和した豊かな都市

北広島市は、札幌市まで鉄道で一六分、新千歳空港まで二〇分、札幌市と新千歳空港の中間にあり、鉄道や国道、高速自動車道などのアクセスに恵まれる一方、樹木や花々が四季を彩り、アオサギやエゾリスなどの野鳥や小動物がすむ自然豊かなまちです。約六万人が暮らす当市は、明治一七年に広島県人二五戸一〇三人が一村創建を目指して原始の森に開拓の鍬を入れ、今日の基礎が築かれたことに始まります。古くから交通の要衝で、クラーク博士がBoys, be, ambitious（青年よ大志をいだけ）の名言を残し、学生たちと別れた地でもあります。平成二三年度からは第五次の総合計画をスタートさせ、まちづくりのテーマを「自然と創造の調和した豊かな都市」とし、地の利や豊かな自然、充実した生活環境を生かし、目指す都市像「希望都市」「交流都市」「成長都市」の実現に向けまちづくりに取り組んでいます。

将来に希望が持てるようなまちづくり

（1）学校跡施設利活用事業

平成二四年三月に閉校した二か所の小学校跡施設を新たな施設として利活用していきます。

旧広葉小学校は、複合コミュニティ施設にリニューアルし、平成二六年夏オープンを目指しています。一八歳以下の子どもたちが自由に使える児童館、小学一～三年生が通う放課後児童対策の学童クラブ、お年寄りが通うディサービス施設を併設。不要になった粗大ごみを修理し、市民に有償で提供する広場の設置、まちの歴史や文化資料を展示する「エコミュージアムコアセンター」や防音仕様のスタジオや和室など地域交流スペースを備え、グランドや体育館はスポーツ施設として開放します。

旧緑陽小学校は、民間事業者による高齢者福祉施設としてリニューアルし、平成二六年春にオープンします。サービス付き高齢者向け住宅、グループホーム、地域の交流拠点（喫茶コーナー、研修室など）、防災備蓄庫を設置し、グランドや体育館はスポーツ施設として開放します。また、施設は、無償貸付とし、整備に係る改修費は事業者が負担することとしています。

（2）地域まちづくり推進事業

平成一八年度から、地域住民が行う地域の特色を生かしたまちづくり活動へ支援しています。平成二四年度は、西の里防犯協会における「わんわんパトロール隊の結成」、自治会が実施する地域緑化推進活動、子どもや高齢者、障がい者、子育て世代等の交流を図る「地域のお茶の間」の運営、防火、防災、防犯時に使用する地域住宅地図の作成に助成しました。

地域のお茶の間

（3）自主防災組織に対する防災資機材の貸与

地域の皆様が手を取り合って助け合える自主防災組織の活動を支援するため、災害時に使用する救助工具等セットや防災資機材を貸与しています。また、避難訓練をはじめとする各種防災訓練に要する経費についても助成しています。

（4）きたひろしまシティセールス事業

多くの人が「訪れたい」「住んでみたい」「住み続けたい」「起業してみたい」と感じられる魅力あふれる都市イメージを創出するため、地域ブランドの創造、まちの魅力の発信、地域情報の発信を行っています。

きたひろコロッケ

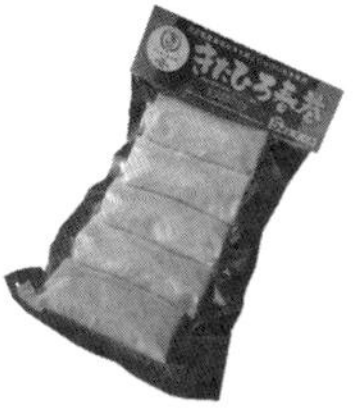

きたひろ春巻

きたひろグラタン

きたひろカレー

地元の農産物を活用したツールの開発

自主防災組織図上訓練

北海道　斜里町《しゃりちょう》

自然保護が町と暮らしを支える

町長……馬場　隆（ばば　たかし）
面積……七三七・〇一平方キロメートル
人口……一万二三三九人（平成二六年一月一日現在）

世界自然遺産・知床のまち

斜里町は、北海道北東端の、オホーツク海に突き出た知床半島の北西側に位置しています。一〇〇キロメートルの海岸線と、知床半島を縦断する山並みとが弓形に平行し、半島の基部には秀峰斜里岳の山麓と平野が広がっています。

農業、漁業、観光を基幹産業とし、生産額はいずれも一〇〇億円規模です。農業は、九七〇〇ヘクタールの農地で馬鈴薯・小麦・甜菜を主要作物とする大規模畑作農業を中心に営まれ、漁業は、さけ・ます中心の沿岸漁業で、市町村別のさけの漁獲量は一一年連続日本一を記録しています。観光は、知床五湖、知床峠、海上遊覧など自然景観型・原生自然体験型観光地として毎年一〇〇万人以上が訪れ、また二～三月には流氷も接岸します。

開拓離農跡地を乱開発から守るべく昭和五二年に開始した「しれとこ一〇〇平方メートル運動」は、日本のナショナルトラスト運動の先駆けとして、全国から毎年多くの寄付金に支えられながら今日まで土地保全と森づくり活動を続け、平成一七（二〇〇五）年七月には、知床の生態系と生物多様性が評価されて世界自然遺産に登録されました。

自然保護はお金になるか？

豊かな自然に恵まれ世界遺産に登録されてラッキーだ、と語られがちな知床であり斜里町なのですが、同時に、「自然保護はお金にならない」とか「知床は特異だ」などと町内外から揶揄される声も聞こえてきます。

確かに私たちの町に原生的自然が残ったのは、歴史的には、人間生活を拒むほどの自然の厳しさや、日本の辺境という地理的要因による偶然の産物でもあり、「しれとこ一〇〇平方メートル運動」に象徴的な自然保護行政による成果は、わずかなのかもしれません。

そもそも地元住民は、良質な自然がなければ自分たちの産業や生活が成り立たないことを肌感覚として理解していますが、観念的・理念的な自然保護を意識しているわけではありません。お金になろうがなるまいが自然を保護する必要がある、そして、現に生活できているのだからお金にもなっているという理解なのだと思います。

（1）現実的な自然の保護の必要性

なぜ厳に自然を保護すべきかといえば、第一に産業との直結感です。それぞれが一〇〇億円を稼ぎ出す農業、漁業、観光業はいずれも、良質な自然の存在が基礎条件です。事実、自然のあり様に最も厳しいのは、生態系の乱れが漁獲に影響しうることを経験的に知っている漁業者です。漁業者にとって自然保護は、自らの生活の糧を守る手段に他なりません。

次に、水と防災の視点です。町内の生活用水の八割は湧水を水源とし、水源の背後には良質な森が欠かせません。気象災害が比較的少ないのは、地理的特質の他にも、やはり森や土や川が本来持つ吸収や緩衝の力によるはずです。

また、直接的な雇用の創出もあります。隣町の羅臼町と共同出資している財団には約四〇名の職員が在籍し、さまざまな自然保護や国立公園管理活動を行っており、またこの財団とは別に、自然ガイド専業者も数十名を数え、いわば自然保護が産業化しています。

そして、自然の織り成す四季や景観による原風景的安心感です。

つまり、私たちの町の場合、「自然」由来の産業と生活基盤とが目に見えるために、自然を尊ぶ潜在意識を生み出して、行政活動につながっている。他地域も程度の差はあれ、本当は同じはずで、単に実感しうる環境が近くにあるか否かの違いなのではないでしょうか。

（2）自然を維持し伝える役割を自覚して

仮にも都会のど真ん中に、斜里町の一部、つまり山から海までのトータルパッケージがあったらどうなるのか。原生林があり、多種多様な野生動物が棲み、清流が流れ、サケが遡上し、流氷が押し寄せる。観光で自然地域を訪れたときのような心地よさではなく、むしろ脅威と感じるに違いありません。しかし、この自然は、本来的に人間の生存に欠かせず、身近などこかになければならないものでもあるはずです。

社会通念的には「自然保護」は古びた考えかもしれませんが、それでも自然保護行政によって保持している豊かな自然は、私たちの町の安心感や幸せ感の礎であり、生活基盤そのものです。同時に、来訪する人々とも共有し、価値を発信することは、他の自治体、特に都市部の自治体のヒントになるように思われます。その礎の上に、逆に他自治体の施策を参考に、行政施策を積み重ねて、住民の幸福実感の向上に努めたいと思うのです。

北海道　広尾町《ひろおちょう》

「町民みんなで歩むまち」の実現へ

町長……村瀬　優（むらせ　まさる）
面積……五九六・一六平方キロメートル
人口……七六一〇人（平成二六年一月一日現在）

心豊かにふれあう海と大地

広尾町は、北海道十勝管内の最南端に位置し、東は北海道有数の漁業資源を有する太平洋、西には日高山脈の山並みがそびえたち、その山系に源を持つ五本の河川が海に注ぎます。その豊かな自然環境を生かし、漁業を中心に農林業といった第一次産業を基幹産業として発展してきました。

町の最大の特徴は、十勝の海の玄関口「十勝港」です。十勝港は、国の重要港湾に指定されており、農業王国・十勝に必要不可欠な「アグリポート」として重要な役割を果たしています。さらに、現在建設中の高規格幹線道路「帯広・広尾自動車道」が広尾まで到達した暁には、北海道と首都圏を最短距離で結ぶという恵まれた立地を活かし、地域の更なる発展を担う拠点基地としての役割を果たすことが期待されています。

また、昭和五九年にノルウェーのオスロ市から国外で初めてサンタランドの認定を受けて以来、「愛と平和、感謝と奉仕」の基本理念のもと、国内唯一のサンタランドとしてふさわしいまちづくりに取り組んできました。毎年クリスマスには、サンタランドの基本理念を多くの人に届けるためにサンタメール事業に取り組んでいます。

町の自立と豊かな暮らしをテーマに

（1）「自立した地域」を目指したまちづくり

当町では、住民が自らの責任で地域に関わっていく自立の精神、産業振興による経済の自立、そして安定した財政の自立を目指し、町民一丸となって住みよいまちを作っていきたいと考えています。

町の基幹産業は第一次産業です。この産業を振興していくことが今後「自立した地域」

となるための鍵です。漁業関係においては、新鮮な海産物をブランド化し知名度を向上させるとともに、販路の拡大を推進することで「広尾ブランド」を全国に認知させていきたいと考えています。その第一弾が、平成二四年から販売を開始したブランド秋鮭「広輝」です。それに加えて、ししゃもや昆布、毛がになども、第二、第三の「広尾ブランド」を掲げた特産品となることを期待します。

農業関係においては、当町の柱である酪農業にとって大きな役割を果たすＴＭＲセンターが開設されたことで、圃場管理や飼料調整を一手に担うことが可能となり、結果として乳量の増加などさまざまな効果が表れています。

もう一つの柱である重要港湾十勝港においても、平成二二年から操業した道内でもトップクラスの生産規模を誇る飼料コンビナートが順調に稼働し、近年貿易額一〇〇億円突破が続いています。今後も、関連企業の誘致や新たな定期航路開設に向けた取り組みを積極的に展開していきます。

また、住民が安心して生活していくには地域防災力の向上が必要です。東日本大震災では町も大きな被害を受けました。以来、震災を教訓として防災対策に特に力を入れて取り組んでいます。

平成二四年度に北海道防災会議から発表された最大で二九・四メートルの津波襲来の可能性に備えるべく、住民の意見等を反映させた防災ハザードマップを作成するとともに、地域防災計画を現状に合った形に修正しました。さらに、地域防災力の強化のため、自主防災組織の育成をするべく設立支援のための出前講座や交付金制度の創設等、防災対策は着々と進んでいます。

（2）人材育成事業「ひろお未来塾」

町では「まちづくりは人づくりから」の理念のもと、人材育成事業「ひろお未来塾」を開講しました。この事業では塾生たちが二年間にわたって他地域のまちづくりの実践的事例を学ぶことで「ひろお」の未来を考えるとともに、創造力・実践力を養い一人ひとりができること・みんなで協力してできることを考えていきます。

今後のまちづくりは従来の行政主導のものとは異なった「協働のまちづくり」となるでしょう。町では将来の町民の「幸せ」の向上のため、より住みやすい、魅力あふれる街を目指して人材の育成に力を入れていきます。

青森県　むつ市《し》

下北のむつ市から日本のむつ市へ―むつ市売込作戦

市長……宮下　順一郎（みやした　じゅんいちろう）
面積……八六三・七九平方キロメートル
人口……六万二四〇二人（平成二六年一月一日現在）

「人と自然が輝く　やすらぎと活力の大地　陸奥の国」

むつ市は、本州最北端、青森県北東部の下北半島中央部に位置し、陸奥湾及び平舘海峡を挟んで青森市などの各市町村と面し、津軽海峡を挟んで北海道と面しています。行政面積は八六三・七九平方キロメートルで、青森県全体の約九パーセントを占めるとともに、県内最大の行政区域を有しています。地形は恐山山系の外輪山を形成する釜臥山を中心に、東部は平野など比較的なだらかな地形が広がり、北部及び西部は山地が海岸近くまで迫る山岳地形となっています。四季のはっきりした気候で、夏季は短いものの、温暖で湿度が少なく比較的過ごしやすい一方で、冬季は降雪期間が長く、山間部で一メートル以上、平野部及び海岸部ではおおむね七〇センチメートルの積雪となります。三方を海に囲まれていることから、天然の良漁場を抱え、豊富な海産物に恵まれるとともに、下北半島国定公園の広範囲にわたる部分が市域に存在し、霊場恐山をはじめとする風光明媚な景勝地や温泉地など、自然に育まれた観光資源を有しています。

当市は全国初のひらがなの市であり(昭和三五年八月一日)、また、平成一七年三月一四日に「川内町」「大畑町」「脇野沢村」と合併し、新「むつ市」としてスタートを切りました。

当市及び近隣の町村には原子力関連施設、国際熱核融合実験炉(ITER)関連施設が集積し、また、下北半島は全国有数の風力発電設備集積地でもあり、国のエネルギー政策上、重要な地域であるとともに、国際海峡である宗谷・津軽海峡を含む青森県以北の海域の防衛警護にあたる海上自衛隊大湊地方隊等が配置され、国防上の重要拠点となっています。

むつ市の夜景　夜のアゲハ蝶とスーパームーン（竹本慎太郎氏提供）

「むつ市の売り込み作戦」

（1）「むつ市のうまいは日本一！」推進プロジェクト事業

地元の農林水産物は地域の誇りであり、ブランド化を図りながら、その販売促進に取り組んでいます。まず、地元産品の浸透を図るため、市内のスーパーを会場にフェアを開催したり、地産地消に賛同していただいたお店を地産地消運動協力店として認定するなど、積極的に地産地消を推進しています。

また、平成二三年三月、東京都江東区亀戸にある亀戸香取勝運商店街に「青森交流ショップむつ下北」がオープンしたことをきっかけに、同店及び同商店街と連携した当市特産品のPRイベントを開催しています。さらに、首都圏在住の当市出身者や当市に縁のある方々を「元気むつ市応援隊応援プロデューサー」として委嘱し、市の産業振興に関するご意見やご提言をいただくほか、市の観光・物産等のPRにもご協力いただいています。

当市のイメージキャラクター（ムッシュ・ムチュランⅠ世、妻マダム・ムチュリー、愛娘プリンセス・ムチュリン）とともに、法被を身にまとった市長が先頭に立って、市内で、そして首都圏でむつ市の売り込みに奔走しています。

宮下市長（中）とムッシュ・ムチュランⅠ世（左）、マダム・ムチュリー（右）

（2）下北半島ジオパーク構想推進事業

ジオ（大地）パーク（公園）とは、地層や地形などの大地に親しみ、学び、そして楽しむ場所のことで、平成二六年一月現在、日本には三三地域のジオパークが、日本ジオパーク委員会によって認定されています。また、下北半島を含めた一六地域が新たに日本ジオパークネットワークの加盟認定を目指しています。

下北半島には日本地質百選に選定された「恐山の金鉱床」、平安時代の武官・坂上田村麻呂の悲恋伝説が残る「鯛島」や奇異な形態の巨岩等が連なる「仏ヶ浦」をはじめとした特色ある資源が豊富であり、下北半島地域全体を「下北半島ジオパーク」として位置付け、地質遺産の保全と活用の両立を図るとともに、その魅力を地域住民に再認識してもらうため、平成二五年一月二八日に下北半島五市町村及び教育委員会、市内にある四研究機関、観光・物産団体及び弘前大学、青森地方気象台などで構成する下北半島ジオパーク構想推進協議会を設立し、日本ジオパークネットワークの加盟認定を目指します。

佐井村・仏ヶ浦

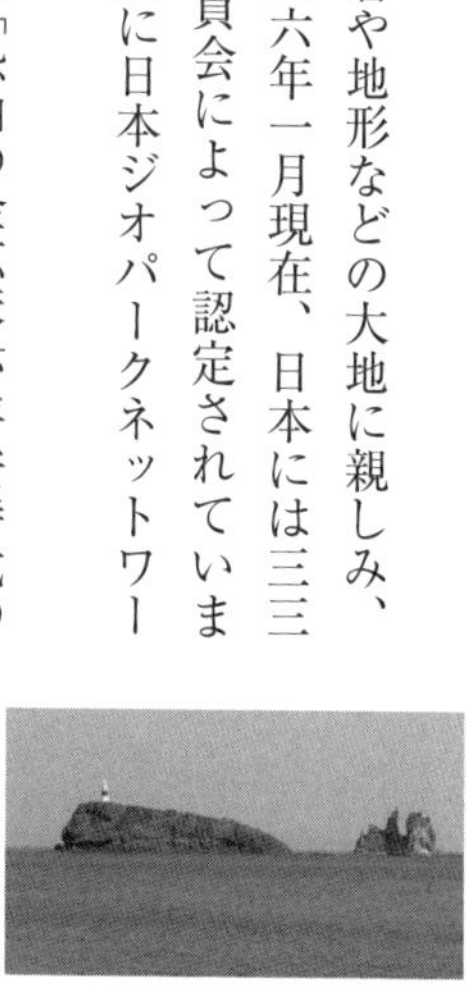
むつ市脇野沢・鯛島

岩手県　釜石市《かまいしし》

新たな光づくりへの挑戦

市長……野田　武則（のだ　たけのり）
面積……四四一・四三平方キロメートル
人口……三万六九四〇人（平成二六年一月一日現在）

三陸の大地に光輝き　希望と笑顔があふれるまち釜石

三陸海岸のほぼ中央に位置する当市は、三陸沖という豊かな漁場と、近代製鉄発祥の地としての歴史があり、「鉄と魚のまち」として発展してきました。

平成二三年三月一一日に発生した東日本大震災により甚大な被害を受けましたが、釜石市復興まちづくり基本計画「スクラムかまいし復興プラン」で掲げた将来像「三陸の大地に光輝き　希望と笑顔があふれるまち釜石」の構築を目指し、大津波の教訓や新たにつながった内外の絆を生かしながら、市民一人ひとりに希望と笑顔をもたらすような新たな光づくりに向けて取り組んでいます。

半官半民のコーディネーター集団「釜援隊」

平成二五年四月、当市で復興まちづくりに取り組む「釜援隊」が発足しました。釜援隊とは、自治体・企業・NPOなどのステークホルダー間の連携を促し、地域住民が一体となってまちづくりを進めていくための調整役（正式名称＝釜石リージョナルコーディネーター）です。平成二五年九月時点で一四人が市より委嘱を受け、市内のNPOやまちづくりの議論を行う任意団体のもとで活動しています。

釜援隊導入の背景として挙げられるのは、自治体のマンパワー・専門スキル不足です。これは被災地共通の課題でもあります。当市の場合、復興交付金を含めた予算額が震災前と比較して約六倍になっているのに対し、職員数は約一・二倍の増加に過ぎません。膨大な用地買収や土地利用の図面設計、関係機関との折衝業務に追われ、コミュニティの形成や地域振興などのきめ細やかなソフト施策を担う人材が不足しています。

こうした状況下、地域の元気づくりに貢献しながら住民と信頼関係を構築し、市が開催する説明会では伝わりきらない情報を咀嚼して地域に伝える一方で、限られたコミュニケーションでは拾いきれない地域の多様な声を整理するという、行政と住民の「通訳」の役割を果たすべく、釜援隊が導入されました。

唐丹地区を担当する山口政義さんは生活応援センター（市内八か所に設置した保健・医療・福祉・生涯学習のほか、行政窓口を一本化した総合的なサービスを行う施設）を拠点に、公民館の運営や仮設住宅の見回りのお手伝い、伝統芸能の保存と再生に向けた取り組みを行っています。

先日、仮設談話室を利用して上映会を開催しました。唐丹地区に古くから伝わるお祭りで、昭和三〇年代の大名行列を映したものです。二〇名以上の方が集まり、懐かしい風景や知っている人が出るたびに声が上がっていました。印象的だったのは、上映会に参加したあるおばあさんの、既に亡くなってしまった旦那さんの若かりし頃の様子が映像に映っており、皆様が喜んでくれたことです。何気ない日常の会話の中でこそ見えてくるものがあります。市は定期的に被災地区

仮設上映会の風景

ごとの住民説明会を開催し、高台移転や区画整理事業などの土地利用計画策定を進めていますが、「まちづくりの話し合いの場」で発言できるのは一部の方に限られています。地区住民の全員が説明会に参加できるわけでもありません。上映会などのイベント企画を通じて、オフィシャルな場では聞きにくい質問や、女性や若者といった多様な属性の人々の意見をまとめて市にフィードバックする。山口さんは住民と行政の間に立ち、コミュニティ内の交流を通じて地域の声を拾い上げることによって、地域の合意形成における多様性の担保に貢献しています。

釜石リージョナルコーディネーターという正式名称が示すとおり、釜援隊は「コーディネーター」です。単なる作業員でも自分たちのやりたい事業を押し進める存在でもありません。それは、住民と行政の間（＝はざま）、市内と市外の間、理想と現実の間で価値を生み出していくことを意味しています。復興の先に見える真に幸福な地域社会のために、双方の間を照らす「光」となるべく、釜援隊は今日も活動しています。

ミーティングの様子

岩手県　滝沢市《たきざわし》

「住民自治日本一の市」を目指して

市長……柳村　典秀（やなぎむら　のりひで）
面積……一八二・三二平方キロメートル
人口……五万五一〇二人（平成二六年一月一日現在）

「人口日本一の村」から「住民自治日本一の市」を目指して

滝沢市は、岩手県の県都盛岡市の北西部に位置し、市北西部には岩手県を代表する秀峰岩手山（二〇三八メートル）、市の南部には雫石川、東部には北上川が流れ、緑にあふれる自然豊かな環境にあります。また、みちのくの初夏の風物詩チャグチャグ馬コ（装束を着た馬約百頭が滝沢市の蒼前神社から盛岡市の盛岡八幡宮までを行進する伝統行事。環境省「残したい日本の音風景百選」にも選出）の発祥地でもあります。

恵まれた環境の中、岩手県立大学、盛岡大学、岩手看護短期大学が立地するとともに国や県の試験研究機関が集積し、県内有数の研究学園地域を形成しています。

明治二二年、滝沢村として発足し、平成一二年二月一五日には人口五万人を超える人口日本一の村となりました。また、行財政改革にも積極的に取り組み、平成一〇年度には、文書管理を庁内LANで行うシステムの構築により、優良情報化団体自治大臣表彰を受賞、さらに、同年から顧客満足の視点や、ニューパブリックマネジメントに取り組み、平成一八年度には日本経営品質賞(地方自治体部門)を受賞しています。これら庁内改革と平行して、住民協働の取り組みも行われ、平成一二度には各地域の住民によって二五年後の地域の姿を描いた地域デザインが作られ、平成一七年度には、各地域の一〇年間の行動計画として地域ビジョンがまとめられています。同年、住民の暮らしに着目し、住民協働により第五次滝沢村総合計画(平成一七年度から平成二六年度まで)を策定し、「人と人、人と地域、人と自然が共栄し、生き生きと幸せ輝く『たきざわ』」を一〇年後の将来像と定めました。

将来像を実現するための条件を「最適化条件」として四七項目定め、その項目が実現に近づいているかを確認するための代表指標を「めざそう値」として毎年測定しながら、「地域は、地域のみんなでつくる」をスローガンに、各種施策を展開してまいりました。

平成二三年三月、地方分権一括法など、国が進める地方分権の流れの中、これまで培ってきた住民自治をさらに深化させるために、人口五万人の自治体としてふさわしい行政体制は「市」であると結論付け、行政と地域住民の今までの取り組みの融合による住民自治日本一の自治体を目指して、平成二六年一月一日に、岩手県一四番目の市「滝沢市」へ移行致しました。

「住民協働」から「住民自治」へ、「顧客満足」から「幸福感」へ

現在の当市を取り巻く環境は、前回の総合計画策定時（平成一六年当時）とは大きく変わっています。平成二三年の地方自治法の改正により、総合計画の策定自体が義務では無くなっていること。また、人口指標に関する推計、財政見通し、公共施設等更新経費、職員体制等について二〇年後（平成四五年）までを平成二四年度に、庁内プロジェクトチームにより試算を行った結果、決算額の中身は公共事業が縮小し、福祉関係経費が大半を占める状態になっていること。将来は、少子高齢化による税収の減に加え、既存のインフラ施設の更新費用に多額な予算が必要となり、施設の再編成が避けられないこと。義務的な

経費の増加により、独自の事業を行う余力が少なくなっていくこと等、試算の結果は、非常に厳しいものでありました。しかし、心豊かに滝沢市に住み、働き、子どもを育て、次代に住みよい滝沢市を引き継ぐためには、これらの試算に眼を背けず、滝沢市で暮すことに「幸せ」を感じ、誇れる地域を創ることが求められています。

当市は、自治基本条例が目指す地域像（平成二六年四月施行）に向かい、地域を想う市民個々の活動を通して、互いにつながり、信頼しあい、お互い様と思える気持ちでつながる仲間、つまり、「社会関係資本」の醸成を促すことにより市民が「幸せ」を実感し、選ばれ続ける自治体となるために、総合計画を新たに策定することとしています。

そこで、次期総合計画（平成二七年度から）のコンセプトを「住民自治日本一の市をめざす地域社会計画」と定め、「住民自治日本一の市」を「住民自らが住みよい地域を考え、思いやりと協力の気持ちを持ち、地域や仲間と関わることに「満足」と「幸福感」を日本一実感できるまち」と仮定したうえで、次期総合計画策定を進めております。

総合計画の根幹となる「幸福感」を住民が主体的に考え、世代ごと、場面ごとに明らかにしていく中で、各世代の象徴的な「幸福感」、それを測る「指標」、そのためにみんなができる「行動」をまとめ、滝沢市民としてみんなが共感できる「幸福感」創りに挑戦しています。

宮城県　女川町《おながわちょう》

とりもどそう　笑顔あふれる　女川町

町長……須田　善明（すだ　よしあき）
面積……六五・八〇平方キロメートル
人口……七五一二人（平成二六年一月一日現在）

はじめに　東日本大震災以降、皆様には発災直後から現在に至るまで多大なお力添えとご支援をいただいてまいりました。郷土の一日も早い復興と新生を果たすためには、当事者である我々自身の不断の努力が不可欠なのは当然ですが、それは皆様からいただいた励ましに支えられての今日までの歩みでありました。改めて皆様に深く感謝を申し上げます。

港町女川

女川町は、宮城県にある牡鹿半島の基部に位置し、日本有数の漁港「女川港」を有する港町で、南三陸金華山国定公園地域に指定される水産と観光の町です。紺碧の海と山の豊かな緑が交わる風光明媚なリアス式海岸に囲まれ、天然の良港に恵まれた当町は水産業を基幹産業とし、銀鮭や牡蠣、ホヤ、ホタテの養殖が盛んで、世界三大漁場の一つである金華山沖に近いことから豊富な魚種が年間を通じて水揚げされ、特にさんまの水揚量は全国でもトップクラスを誇っていました。

東日本大震災により当町では建造物の七割強を失う壊滅的な被害を受け、約一割の町民が犠牲となりました。被災した自治体の中では最大の被災率であり、町を取り巻く生活環境は大きく変化しましたが、町民が一致団結し「とりもどそう　笑顔あふれる　女川町」をスローガンに早期復興に尽力しています。

女川は流されたのではない　新しい女川に生まれ変わるんだ

震災により町民の生活環境は一変し、約三年を経過した今でも仮設住宅や他市町村での民間賃貸住宅（みなし仮設）での生活を余儀なくされています。震災前と比べ人口は約二五〇〇人減少（犠牲者数を含む）しており、そのうち約一七〇〇人が転出しています。

当町復興における最優先課題は宅地・住宅供給と産業再生です。宅地造成と災害公営住宅の建設については、各事業の早期着手と完成を目指し取り組んでいますが、一方ですべての整備を完了するまでに数年を要します。現在、先行整備地区における造成の加速化と並行して、被災住民が生活再建を判断するために必要となる全体復興スケジュールの具体化を進めています。これまで一〇〇回を超えるまちづくり説明会を開催し、その過程で町民の意見を聞く機会を設けて住民に身近な復興計画を目指しています。先行整備地区においては、高台への住民移転のための宅地造成と災害公営住宅整備、JR路線の早期復旧とJR女川駅を中心に据えた「にぎわい拠点」の形成を関係機関と連携して取り組んでいます。

基幹産業である水産業の復興も推し進めており、被災した漁業施設の再建や積極的な漁船誘致を展開、水産工業団地の整備など水揚増嵩を推進し、さらに水産加工業の復興に向けて、海岸工場地区嵩上工事と排水処理施設整備の実施、共同利用船舶・施設取得に対する町単独助成を実施し生産現場を支援しています。

当町にとっての復興は、住宅・事業所再建にとどまらず、まちの姿が将来世代へ引き継げるものであってこその復興です。まちの将来を描き実現するために、住民公募による「まちづくりワーキンググループ」や商工会を中心とした「中心市街地商業エリア復興協議会」

等の住民視点を交えた公民協働の場を設け、復興を具体化する検討を続けています。

一方で、復興の加速化を図りながら、被災者をはじめとする町民の「今」をしっかりと支え、大切にしていかなくてはなりません。

町内外に点在する仮設住宅や商店街を結ぶ町民バスの運行や仮設住宅への巡回図書館の実施、放課後児童クラブの設置等による子育て環境の充実を図り、住民サービスにおいても町民の不便が解消されるよう配慮しながら生活環境の改善に努めています。

町民の健康なくして復興はあり得ません。絆・関係性・つながりを土台とした心身の健康推進に取り組んでいます。高齢者対策として地域支え合いの体制を推進し、仮設住宅での孤立死や引きこもりをなくすよう努めています。また、町内居住者と町外居住者（町外の仮設住宅及びみなし仮設）の情報格差解消と心の相談二四時間サービスを提供するため、ICTを活用した「きずなシステム」を導入し、相談・見守り体制の充実を図っています。

この「女川」でがんばっていこうと復興の日々をともに歩む町民、一日も早い復興をじっと耐えて待つ町民。女川以外の場所から復興に力を注いでくれる方々。女川への強い思い・新生を信じる心が大きな力となり、世代や枠組みを超えた力を紡ぎ、満ちあふれた力で女川の復興を、活力あふれる女川の新生を成し遂げます。

山形県　米沢市《よねざわし》

第二のふるさと「米沢」

市長……安部　三十郎（あべ　さんじゅうろう）
面積……五四八・七四平方キロメートル
人口……八万五七六五人（平成二六年一月一日現在）

学園都市・米沢

米沢市には、山形大学工学部と山形県立米沢女子短期大学、そして、平成二六年四月に開学した山形県立米沢栄養大学の三つの高等教育機関が立地しており、三大学合わせて約三七〇〇〇人の学生が米沢で生活しています。人口規模九万人前後の都市に三つの大学が立地している例は全国的にも少なく、当市の大きな特色の一つとなっています。全国から集まる学生が生活しやすい活気あふれる学園都市を目指し、当市の特色を活かしたさまざまな活動を行っています。その一つをここでご紹介したいと思います。

学園都市を活かしたまちづくり

「学園都市」を掲げる米沢ですが、山形県内外から集まった学生の多くは、卒業すると地元に戻ったり、米沢市外に出て行ったりして、米沢を離れていきます。しかし、せっかく縁あって、米沢で学生生活を過ごすことになった学生がただ戻ってしまうのはとても惜しいことです。

そこで、注目したのが、彼らが米沢を離れていったときに、米沢の「宣伝部隊」になるのではないかという点です。学生生活を過ごす米沢が、思い出深いまちとしてよりよく思ってもらえれば、彼らが常に米沢の魅力を発信し、友人や家族を連れてまた米沢に訪れてくれるリピーター予備軍になるものと捉えています。そのリピーター予備軍をつくっていくための具体的な施策として実施しているのが、「セカンドホーム事業」です。

セカンドホーム事業

この事業は、卒業までの短い学生生活の中でも学生にとって思い出深いまちであるよう、また学生と市民とが同じ思い出を共有することで卒業後も続く絆が生まれるよう、市内の一般家庭を学生が訪問し、夕食をご馳走になりながら交流を行うものです。平成二一年に始まり、平成二六年には六回目を迎え、参加者も年々増加しています。

訪問する家庭、学生は市で組み合わせを行い、お互い見ず知らず同士の交流が始まります。家庭も学生もはじめは手探りの交流ですが、実際に受け入れていただいた家庭からは、「米沢で暮らし始めての印象を聞くことで、改めて米沢のよさを知ることができた」、「若い世代がより身近に感じられて刺激になった」という感想をいただいています。また、学生からは「米沢に親戚ができたようでうれしかった」、「先生以外の社会人と話す機会が少ないので、いろいろな話が聞けてよかった」といった感想をいただいており、お互いに刺激になり、また、お互いの魅力の発見につながっています。これをきっかけに交流を続けている家庭と学生も出てきています。

交流を通して、米沢の家庭を実家に次ぐ二番目の家庭＝「セカンドホーム」のように感じてもらい、大学だけでは味わえない、充実した思い出深い学生生活を胸に社会に巣立ち、また第二のふるさと米沢に訪れてくれることを期待しています。

■学生の感想（米沢女子短期大学生）

私たちは米沢に来たばかりだったので、米沢の良いところをたくさん教えていただこうと、楽しみにして参加しました。とても温かく迎えていただき、初めて地元の人とのつながりを持つことができました。本当に参加してよかったです！

■家庭からの感想

我が家に来てくれた学生さんは二人。受け入れる側として、どのような学生さんが来るのか些か不安でしたが、全くの杞憂でした。礼儀正しく朗らかで、私たちも本当に楽しくお話させていただきました。大したおもてなしもできない我が家ですが、今後とも学生さんたちのセカンドホームになればと思います。

山形県　鮭川村《さけがわむら》

人と自然と文化が輝く「むら」づくり

村長……元木　洋介（もとき　ようすけ）
面積……一二二・三三平方キロメートル
人口……四七四六人（平成二六年一月一日現在）

「そのままの自然」にあふれる　ふるさと

鮭川村は、山形県北部に位置し、奥羽山脈の支脈と出羽丘陵に囲まれ、村の中央部を南北に「一級河川　鮭川」が貫流する農山村です。昭和二九年一二月に三村が合併し、新鮭川村が誕生し、村民のたゆまぬ努力によって着実な進展を遂げてきました。

商工業の事業所数は少ないですが、米をはじめ菌茸、花卉等の栽培に力を入れており、農村経済と深く関わっていますことから、農商工連携を推進しています。

「美人の湯」の羽根沢温泉、「トトロ」に似ています小杉の大杉、「鮭川村エコパーク（滞在型森林公園）」があり、八月一八日には「庭月観音灯ろう流し」、一〇月には「鮭川きのこ王国まつり」・「鮭まつり」を開催しています。

江戸の歌舞伎役者により伝承された村芝居「鮭川歌舞伎」が毎年六月第二日曜日に定期公演され、約二四〇年受け継がれています。

また、内臓を取り除いた鮭を一〇日から二週間ほど塩漬けにして、寒風にさらすことで身を締まらせてうま味が熟成した「鮭の新切り（ようのじんぎり）」が郷土食で、旧正月などのごちそうとして味わわれています。

小杉の大杉
（トトロに似ている杉。樹齢約 1,000 年）

一人ひとりが幸せを実感して暮らせる村づくり

豪雪地帯の当村は水稲単作で冬期間は出稼ぎに出て生計を立てておりました。出稼ぎからの脱却のために「きのこ」の周年栽培に取り組み、当村の農業生産の過半数を占める産地として確立を成し遂げてきました。加えて、バラ等の花卉、養豚、ブロイラー等により米依存の農業から転換し、現在農業法人二五社に及ぶに至り、約三〇〇人を雇用しています。まさに、地場産業として基幹産業の役割を十分果たしています。転作作物として、キュウリ、アスパラ、ネギの栽培を行い成果を上げてきております。今後も、更なる農業振興策を推進していきます。

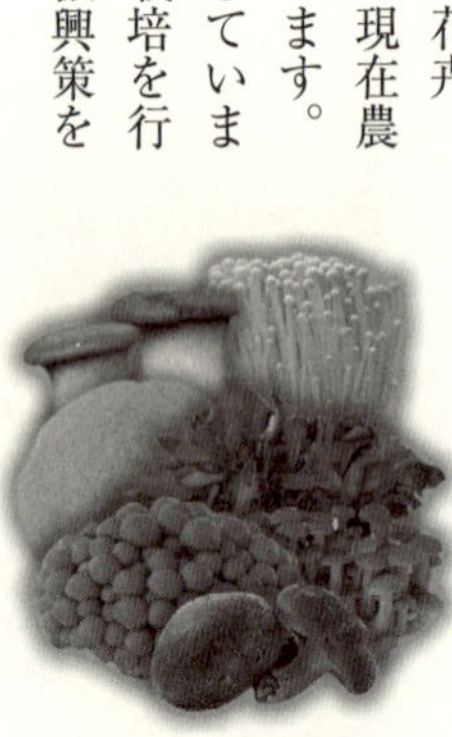

鮭川村産「きのこ」

また、歴史文化を大事に守り育て、村のネームバリューを高めていく取り組みを実施しています。山形県指定無形民俗文化財である約二四〇年の歴史のある「鮭川歌舞伎」を当村の財産と位置付けて、特色ある村として活用し、歌舞伎用ののぼり旗、招き看板、かつら、衣装等の整備を行い、毎年六月第二日曜日に定期公演を開催しています。

さらに、日本赤十字の取り組みとして、一人暮らし老人に対し、絵手紙を送る活動を行い、高齢化社会に対応した老人福祉に取り組んでいます。

子育て支援として、学童保育の設置や、中学校三年生までの医療費を無料にして、村内で子どもを産み育てやすい環境を整備しています。

転作作物のB級品を加工し付加価値を付けて販売し、農業所得向上を目指しています。加工所には空いている公共施設を活用しています。「鮭川うまいもん展示会事業」の中で、当村の農産物を使用した加工品を広く募集し、優秀な作品に対し試作品の製作、パッケージ製作、試験販売の支援を行い、新たな特産品、付加価値の高い農産物の開発や販売支援により農家所得向上を目指しています。

集中改革プランで職員を削減している中で、民間活力が不可欠となっています。現在、民間と行政が連携した「鮭川地域資源戦略会議」を中心とした、村の自然、文化、環境、食、人等、地域の資源を見直し、再発見し、魅力の発信、モニタリング、マーケティングリサーチ、都市との交流、体験メニュー開発、ファンづくりを実践し、新たな産業化、販路拡大、誘客者の増、所得向上、そして村の活性化を図っています。

福島県　福島市《ふくしまし》

「希望ある復興」を目指して

市長……小林　香（こばやし　かおる）
面積……七六七・七四平方キロメートル
人口……二八万三四六三人（平成二六年一月一日現在）

実味美見　花もみもある福島市

福島市は、西に雄大な吾妻連峰、東にはなだらかな阿武隈高地に抱かれた盆地にたたずむ都市です。まちの中心部には緑豊かな信夫山があり、阿武隈川が南北に流れる自然豊かで人情あふれる、美しいまちです。

福島県の県都である当市は、県内の政治・経済・文化の中心都市としてだけではなく、サクランボから始まりモモ、ナシ、ブドウ、リンゴなど四季折々の果物の宝庫であり、全国有数の産地として「くだもの王国」「くだものの里」とも呼ばれています。さらに、飯坂・土湯・高湯の三大温泉を始めとする数々の名湯を擁し、観光都市としても発展しているまちです。

一方、当市は才能豊かな人物も数多く輩出しており、その代表としては古関裕而（本名＝勇治）氏（一九〇九年八月一一日～一九八九年八月一八日）の名前が挙げられます。古関氏は福島市で生まれ、「長崎の鐘」「とんがり帽子」をはじめ、全国高等学校野球大会の歌「栄冠は君に輝く」、東京オリンピック（昭和三九年）の「オリンピックマーチ」など、子どもから大人まで幅広い世代に愛唱される楽曲を数多く生み出し、名誉市民として後世にまでその功績と栄誉を称えられるなど、広く市民の誇りとなっています。

現在、当市は平成二三年三月一一日に発生した東日本大震災による地震災害・原子力災害からの復興を進めるため、復興計画に基づき「希望ある復興」を理念とし、「安全と信頼」「子ども」「活力」「元気」の四つの復興プロジェクトをすみやかに力強く推進しています。

また、これらの復興プロジェクトとともに、積極的な企業誘致と雇用の増加を図ることなどによって定住人口の拡大と活力あふれるまちづくりを進め、再生可能エネルギーを活用した環境最先端都市を目指します。当市は「みんなが誇れる県都ふくしま」の実現に向けて、「いのちを大切にするまち」「女性が活躍できるまち」「こどもと高齢者を大切にするまち」「活力あふれるまち」の四つの施策を大きな柱として事業に取り組んでいます。

こどもと高齢者を大切にするまち

（1）こんにちは赤ちゃん事業

児童福祉法による「乳児家庭全戸訪問事業」を、平成二一年一〇月から当市独自の事業として、「こんにちは赤ちゃん応援隊」を委嘱して実施しています。「応援隊」は、地域から推薦され子育てにかかる研修を受講した市民で、子育てする親を孤立させない育児環境の整備を目的として四か月までの乳児がいる全家庭を対象に市保健師と連携して家庭訪問をしています。訪問を受けた親を対象に、満足度（子育て情報の周知度、不安の軽減度、育児への自信度等）についてアンケート調査を実施していますが、結果は

項目により六〇～八〇パーセントの満足度で評価されています。

また、「応援隊」からは、「赤ちゃんと触れ合うことができてうれしい」「お母さんががんばっている様子から逆にエネルギーをもらった」など自身の自己肯定感がアップしたとの声が聞かれ、この事業のもう一つの効果も期待できます。

（2）温泉利用介護予防事業

平成一五年度より、介護予防の観点から、高齢者が要介護状態にならないようにするための施策として、当市にある飯坂温泉、土湯温泉を活用した温泉入浴をメニューに加えた温泉利用介護予防事業（湯ったりデイサービス）を実施しています。

介護保険に該当しない比較的元気な高齢者が疲労回復、健康増進、心身のリフレッシュを図ることを目的とし、今まで実施していたレクリエーションや健康運動に加え、認知症予防など介護予防の普及に関する専門プログラムを盛り込み、充実を図っています。

参加者も年々増加し、年間延べ約六〇〇〇人以上の方にご利用いただいています。

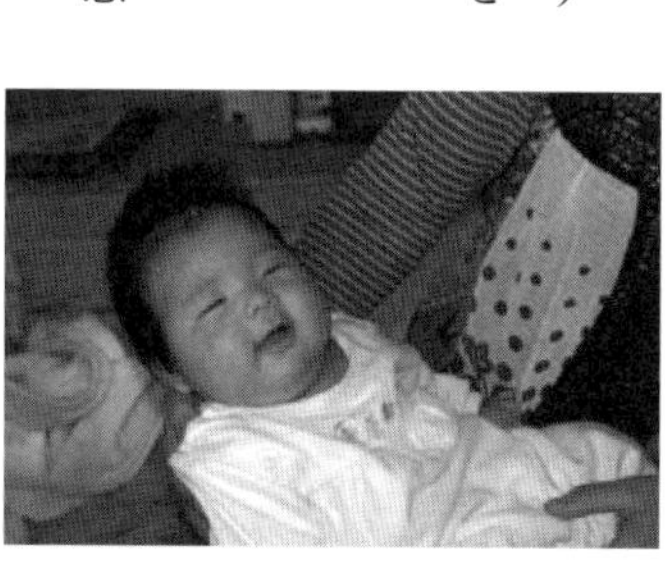

福島県　二《に》本《ほん》松《まつ》市《し》

いま拓く　豊かな未来　二本松

市長……新野　洋（しんの　ひろし）
面積……三四四・六五平方キロメートル
人口……五万六八四六人（平成二六年一月一日現在）

人が輝き、地域が輝く美しい豊かなふるさと

二本松市は、「智恵子抄」で謳われた安達太良山を西に仰ぎ、東には富士山の見える北限の山として知られる日山、羽山が連なる阿武隈山地まで、東西約三五キロメートルに及ぶ広大な市域を有し、その中央部を阿武隈川が南北に滔々と流れています。

二本松藩・丹羽氏一〇万石の城下町としての風情を今に伝え、豊かな自然と四季折々の輝きが調和し、伝統と文化にあふれた魅力ある美しいまちです。霞ヶ城公園を舞台に開催される菊の祭典「二本松の菊人形」や日本三大提灯祭りの一つである「二本松の提灯祭り」、国指定重要無形民俗文化財の「木幡の幡祭り」などに代表される多彩な伝統行事には、毎年多くの観光客にお出でいただいております。

日本一のさくらの郷・二本松

桜前線の到来とともに市内は桜一色に染まります。中でも霞ヶ城公園の桜は四五〇〇本にも及び、箕輪門と城壁、流麗な石垣を背景とした景観は「日本一のさくら」と自負しています。ひとえに先人たちの偉業の恩恵に浴しているわけですが、今度は私たちがふるさとの桜をさらに育てて、未来の子どもたちへと引き継いでいく必要があります。それが「日本一のさくらの郷づくり」運動で、既に一万本以上の植栽が終わり現在も継続中です。

市内では自慢の庭園を開放するオープンガーデンも盛んになってきており、市民の皆様にご協力をいただきながら、人と地域が輝く美しい二本松をつくりあげていきます。

二本松の魅力を最大限に開花させ 市民とともに夢を実現します
「観光を中核としたまちづくり」

当市では現在、東日本大震災からの復興、美しい豊かな二本松市を実現するため、さまざまな事業に取り組んでおります。その中でも特に、産業振興の核として「観光立市」を掲げ、多くの方に二本松にお出でいただき、二本松の素晴らしさを体感いただくための事業を積極的に展開していきます。また、これらを含めて新たな産業を創出し、雇用の場の確保も図ってまいります。

夢と魅力ある二本松市を築くために、

一　若者が夢を持ち、お年寄りが安心して暮らせるまちづくり
二　女性の声、お母さんの声を大切にしたやさしいまちづくり
三　次代を担う子どもの豊かな心を育む環境に配慮したまちづくり
四　農業、商業、工業等の地域産業の連携強化と活性化を目指したまちづくり

の実現に向けて、積極的な取り組みを進めてまいります。

東日本大震災からの教訓

東日本大震災後、市では直ちに災害対策本部を設置し、事態の収拾に当たりました。福島第一原子力発電所の事故による放射能災害から新しい時代を担う子どもたちを守るため

に、学校や幼稚園、保育所などの校庭、園庭などの除染をいち早く実施したほか、ホールボディカウンターによる内部被ばく検査も実施しました。さらに、すべての学校・幼稚園・保育所の教室等にエアコンを導入するなど、子どもたちの健康を最優先に取り組みました。

東日本大震災と福島第一原子力発電所事故は、人類に対して貴重な教訓を与えております。それは市民の命と健康・安全を最優先に守ることです。震災により当市も大きな影響を受けましたが、国内外からの多くの温かいご支援と励ましを糧としながら、復興への力強い歩みを踏み出し、現在、震災前よりも光り輝く美しい豊かな二本松市を築くために、市民の皆様とともに「希望の復興　輝く未来」を掲げて、新しいまちづくりを積極的に進めています。

日本三大提灯祭り　「二本松の提灯祭り」

福島県　桑折町《こおりまち》

やすらぎと希望に満ちた「こおり新時代」の実現

町長……髙橋　宣博（たかはし　のぶひろ）
面積……四二・九七平方キロメートル
人口……一万二五五一人（平成二六年一月一日現在）

仙台藩伊達氏発祥の地

桑折町は、福島県中通りの北部に位置し、阿武隈川の清流と緑豊かな半田山の自然の恵みを受けた総面積四二・九七平方キロメートルを有する町です。

古くは仙台藩伊達氏の発祥の地、日本三大鉱山の一つと数えられた半田銀山、奥州・羽州街道の分岐点にある宿場町、養蚕業地帯などとして時代を重ね、旧伊達郡役所（国の重要文化財）など、先人たちによって築き上げられた歴史的資源が数多く残されています。

果樹栽培が盛んで、桃・りんご・ぶどうなど美味しい果物の産地として知られます。なかでも桃は、特に上質で毎年皇室に献上されるほどです。

春の一面に咲き誇る桃の花、夏のイルミネーションのように光を放つゲンジボタル、秋から春にかけて出現する「ハートレイク半田沼」など、四季折々に特色を醸しだします。

町土の除染なくして復興なし　町民の健康なくして復興なし　町民の安心なくして復興なし

平成二三年三月一一日の東日本大震災と原発事故災害によって、当町を取り巻く環境は激変し、多くの障害障壁が我々町民の前に立ちはだかることになりました。そのため、総合計画の抜本的見直しが必要となり、町民みんなの心を一つにして、かつて経験したことのない未曽有の大災害からの復興を実現するために、新しい総合計画「復興こおり創造プラン」を平成二四年二月に策定しました。

計画では、復興の大前提である「町土の除染なくして復興なし」「町民の健康なくして復興なし」「町民の安心なくして復興なし」の三大スローガンを掲げ、確かな復興を果たすために、次の三つの姿を成し遂げることが重要と考えて取り組みを進めることとしています。

（1）町民の安全安心を確保

一日も早く原発事故災害前の日常を取り戻すことができるよう、放射線量を低減化させることを最優先かつ最重点事項とし、町が主体となって除染事業をすみやかに推進しております。放射性物質や放射線による人体への影響について、専門家とともに町民の被ばく検査と長期的健康管理を徹底します。公共建築物や道路等の災害復旧を計画的かつ円滑に進め、今回の大災害対応を検証し、地域防災計画の抜本的見直しを行うなど、みんなが安心して暮らせる地域社会づくりを実施していきます。

災害時におけるライフラインの維持のため、上下水道の安全性向上、電源や燃料、食糧等の備えを充実し、原子力に依存しない、安全・安心で持続可能な社会づくりに向け、再生可能エネルギーの活用を積極的に進めていきます。大震災の経験を教訓とし、これまでの生活様式を改めて見つめ直し、地球に優しい循環型社会と低炭素社会実現を目指します。

（2）町民が将来に希望が持てる復興

大切な子どもたちを守るため、生活環境除染や長期的健康管理を徹底し、安心して子育てができる環境を取り戻すよう取り組んでいます。次代を担う子どもたちへの教育もさらに充実を図ります。

また、原発事故災害によって大打撃を受けた地場産業の信頼回復と再建に取り組み、人口減少社会に加えて大災害が及ぼす人口動態影響を見極めて、人口一万三〇〇〇人の回復と維持に向け、定住人口確保策を推進して雇用の確保に努めます。

魅力的で住みよい町に人が集まるように各種施策を実施して、新しい土地利用や町並みづくりを進めます。町民を元気にするため、町民が生涯学習等に自主的に活動できるよう支援し、被災した貴重な文化財を修復し、町の誇り・宝を後世につないでいきます。

（3）町民と一体となったまちづくり

大震災を契機に一層強くなった地域の絆を支援し、住民による自治意識の高まりを受けて、町民・地域・行政が一つになった共助体制をつくることが不可欠です。町民に寄り添う役場、町民に頼られる役場として、行政機能の充実を図るとともに、町職員の資質向上、行政サービスの更なる向上を図っていきます。復旧と復興事業に必要な財源確保と捻出のため、東京電力株式会社からの賠償をはじめ、国や県等へ財政的支援を強く要望していくとともに、これまで以上に行財政改革を推進していきます。

福島県　石川町《いしかわまち》

さくらを活かしたまちづくり

町長……加納　武夫（かのう　たけお）
面積……一一五・七一平方キロメートル
人口……一万六八四七人（平成二六年一月一日現在）

阿武隈地域の豊かな自然に包まれるまち

石川町は、福島県の南部、阿武隈山地の西側に位置し、阿武隈川流域の平坦地と阿武隈高地に連なる山間地から形成され、中央を流れる今出川と北須川に沿って開けています。気候は比較的温暖で、四季折々の景観を見せています。

近年、第二次産業から第三次産業への就業者数などの比率が高まっており、農業は米を中心に畜産、野菜、果樹などの複合経営がなされています。

現在は、原発事故に伴う風評を打破するため、首都圏等において町産農産物の安全性をPRしながら、販路拡大に努めているところです。また、元気な石川町のPRと町内産業の振興のために、毎年一〇月に「石川町産業交流祭」を開催しています。

町内には、母畑・猫啼・片倉・塩ノ沢などの温泉郷、平安時代の女流歌人「和泉式部」出生地、母畑湖畔のレークサイドセンター、展示鉱物の種類も豊富な歴史民俗資料館などがあります。特に今出川・北須川沿いの一千本を超えるさくら並木は見応えがあり、毎年四月中旬に開催される桜まつりには多くの観光客が訪れます。

みんなが主役　協働と循環のまち

（1）ひとが輝き・ときを慈しみ・ものを愛でるまちづくりを目指して

当町では、「みんなが主役　協働と循環のまち」を将来像とする「第五次総合計画」を平成二一年度に策定し、①にぎわいと活気のあふれるまち（産業）、②健やかで人にやさしいまち（保健・福祉・医療）、③豊かな心と文化を育むまち（教育・文化・スポーツ）、④安全・安心で快適なまち（生活・環境）、⑤ともに力を合わせてつくるまち（地域自治）、⑥町民の信頼に応えるまち（町民・行政）を基本目標に掲げ、各種施策の推進に努めています。

また、まちづくりを進める上で、早期の取り組みや成果向上が求められる事業は、五つの「まちづくりプロジェクト」として位置付け、「ひと」「とき」「もの」を活かした施策の展開を図っています。

（2）さくらの郷づくりプロジェクト

全国でも珍しい、川幅が狭い河川両岸にトンネルの様に植えられたさくら並木、地域に美しい花を咲かせる一本さくらなど、当町のさくらは町民の誇りであるとともに、憩いと安らぎを与えてくれる大切な宝です。

まちづくりプロジェクトの一つである「さくらの郷づくり」は、町の中心を流れる今出川・北須川沿いに連なるさくら並木や県指定天然記念物「高田桜」（樹齢推定五〇〇年）など、町内各所にあるさくらを活かした事業を住民と行政が協働で取り組み、人や地域が元気になる施策として進めているもので、住民主体のさくらボランティアや案内ガイドの育成とともに、「いしかわ桜まつり」に併せて開催される各種イベントを通じて、交流人口の拡大を図っています。

平成二四年から開催している「花見弁当選手権」と「花より団子選手権」は、広く全国から一般の方やプロの職人に参加いただき、できる限り町内産の食材を使用することを募集の条件に、さくらをモチーフにしたオリジナルの弁当とスイーツを出品してもらうもので、優秀作品は桜まつり会場で限定販売され、弁当等を購入した人の投票と有名料理人や有識者の最終審査により、グランプリを決定しています。

まだ始まったばかりのイベントですが、地元農産物の販売拡大や新しい特産品開発につなげていきたいと考えています。

また、当町の中心地は、江戸時代に「桜谷」と俳句（「静かさや　散りすましたる　桜谷」吉田露珊）に詠まれていたことから、市街地を中心にさくらの植栽や保全・管理を進め、「さくら谷」の復元を目指しています。

町中心部「あさひ公園」のさくら

福島県　小野町《おのまち》

笑顔とがんばりの町

町長……大和田　昭（おおわだ　あきら）
面積……一二五・一一平方キロメートル
人口……一万一〇八二人（平成二六年一月一日現在）

小野小町生誕伝説が残る「リカちゃん」が住むまち

昭和三〇（一九五五）年二月一日、地域の発展を願い、旧小野新町、旧夏井村、旧飯豊村の一町二村が合併し、小野町が誕生しました。以来、住民一致協力のもと半世紀を超える歴史を刻むとともに、今日の発展を築くことができました。

当町は、阿武隈山系の中部、福島県田村郡の南部に位置し、町の中央を太平洋に注ぐ夏井川が流れ、阿武隈高原中部県立自然公園など四方が山々で囲まれた緑豊かな丘陵地帯です。磐越自動車道小野インターチェンジや、福島空港アクセス道路「あぶくま高原道路」により、阿武隈地域の交通の要所となる利便性の高い町です。

当町には、平安時代の女流歌人「小野小町」の生誕伝説が残されています。町内には、小野小町や小野篁（小町の父）、愛子（小町の母）ゆかりの神社や石碑などがあります。

また、国の天然記念物に指定されている樹齢一二〇〇年の「諏訪神社の翁スギ媼スギ」をはじめ、史跡名勝天然記念物に指定されている「東堂山の杉並木」や巨大な自然石の上に建つ「東堂山鐘楼」、夏井川の清らかな流れに沿って一〇〇〇本のソメイヨシノが咲く「夏井千本桜」、三万株のヤマツツジが咲き競う「高柴山」、平成二五年に開業二〇周年を迎えリニューアルオープンした「リカちゃんキャッスル」、当町出身の作詞家「丘灯至夫」記念館など、歴史・文化・自然あふれる観光名所があります。

町民が主役のまちづくり

この豊かな小野町を、将来に継承すべく柔軟に対応するとともに「笑顔とがんばりの町」のキャッチフレーズのもと町民総参加のまちづくりを推進するため、平成二六年度からは平成三〇年度を目標年次とする「第四次小野町振興計画」の後期計画をスタートさせ、若者が定住し、笑顔と歓声があふれる活気ある町、子どもたちからお年寄りまですべての町民が願っている理想のまちづくりを目指します。

「除染と震災復興の推進」として、仮置場の早期設置を行います。また、町産品の安全を強力にアピールするほか、放射能に関する有識者の登用など、風評被害・健康不安からのいち早い脱却を目指します。

「観光振興」として、当町の観光資源の一つでもある「リカちゃんキャッスル」が、平成二五年に開業二〇周年を迎えたことから「リカちゃんファミリー特別住民票」を交付しました。今後は、町の観光大使として特別住民である「リカちゃん」に町の魅力発信をお願いし、町のイメージアップを図ります。

「農業・商業・工業の調和のとれた活力あるまちづくり」として、町の活性化を図るうえで最重要課題となる企業誘致を行い、議会や関係機関と連携しながら早期立地を目指し、若者の雇用の場を確保します。また、農業施策として、耕作放棄地の解消や、農地の基盤整備を行い、農業後継者が経営しやすい環境整備を積極的に行い、六次化産業を推進します。

「定住人口の増加対策」として、企業誘致と連動しながら、若者が住みやすい町営住宅の整備を行い、人口流出を最小限に抑え、原発避難者に対しては、災害復興住宅等の支援を積極的に行います。また、町の独自施策として「定住祝金」や「町有林おすそ分け（杉材一〇立方メートルをプレゼント）」等の定住推進事業を行い、首都圏などからの移住者の支援を行います。

「教育の充実」として、幼保一体化施設の整備を行い、就学前教育の充実を図り、確かな学力の定着と学校教育活動充実を目指します。さらに、地域との連携による地元高校の充実を促進します。

「保健・医療・福祉の充実」として、子育てしやすい環境を構築するとともに、お年寄りが安心に暮らせるまちづくりを目指します。建て替えが進んでいる公立小野町地方綜合病院については、中核医療機関としての診療体制の充実・強化と救急医療、災害時医療体制の整備が図れるよう、今後も支援を行います。

「安全・安心の確保と生活基盤の整備促進」として、消防・防災体制の充実を図り、右支夏井川河川改修事業と連動した家屋移転事業を推し進め、町道・農道などのインフラの整備に積極的な対策を講じます。

茨城県　取手市《とりでし》

「スマートウェルネスシティとりで」の実現

市長……藤井　信吾（ふじい　しんご）
面積……六九・九六平方キロメートル
人口……一〇万九五九五人（平成二六年一月一日現在）

文化創造・発信の地

取手市は、茨城県の南端に位置し、都心へ四〇キロメートル、時間にして四〇分という位置にあり、交通の利便性と自然環境に恵まれた都市環境を持っています。昭和四〇年代の高度経済成長期には、首都圏から四〇キロメートル圏内に立地と交通網の整備により大規模住宅開発により人口が増加し、首都圏のベッドタウンとして発展してきました。

平成四年には東京藝術大学取手校地が開設、平成一七年度に隣接する藤代町との合併、平成二三年度には関東鉄道常総線の新駅「ゆめみ野」が開業するなど、首都圏の近郊都市として都市基盤の整備を図るとともに、自然と共生しながら、芸術と触れ合えるまちづくりを進めています。

（1）「スマートウェルネスシティとりで」の実現

市の人口は、超高齢化・人口減少が急速に進行し、平成二五年度の高齢化率は二七・七％となり、社会構造に大きな変化が起こってきています。特に今後は、この率は急速に加速することが予測されています。このような状況の中で、持続可能な地域の活力を維持していくためには、現役世代のみならず、高齢世代も主体となれるような社会システムをデザインしなければなりません。便利さや合理性の追求のみならず、社会全体の構成及び市民の個々の幸せについても考慮した形での検討を行っていくべきです。そのために健康や環境に配慮したうえで「便利さと不便さのバランス」をとった生活を実現する先進的な地域づくりを行い、住民一人ひとりが、新しい社会づくりにおける役割を自覚すること、また、その実現のために国や地方自治体、大学等の研究機関、民間の産官学が、総力を結集して、地域の活性化を図っていくことが必要となります。地域で元気に暮らせる社会を実現するためにも、「健康で幸せ（身体の健康だけでなく、人々が生きがいを感じ、安心安全で豊かな生活を送れること）」という「健幸づくり」が求められています。

そのような中、まず、市民全体が健康になるために、いつでもどこでも健康づくりに取り組める環境を整備し、市民一人ひとりが生活習慣に関心を持ち、健康維持に努めていくための施策展開を図っています。

特に、誰もが気軽に取り組める「歩く」ことを健康づくりの核としたまちづくりを行い、これまで健康づくりに無関心だった層を含む市民全体の行動変容を促し、子どもから高齢者までが健康で幸せに暮らせる新しいまちづくりとして「スマートウェルネスシティとりで」の実現を目指しています。
（2）推進に向けた具体的施策
市民が健康で幸せに暮らせるようするには、意識、行動パターン、ライフスタイルなどをプラス方向に変えていくことが必要であり、そのために健康づくりとまちづくりを連動させた施策を進めています。その中で市民幸福度を向上させる具体的な施策としては、健康で意欲のある高齢者が、その経験や知恵を活かし、生きがいを持って働き、地域活動や社会参加ができる社会の実現が求められており、荒川区の調査では、社会に貢献していると感じる人ほど、幸福度が高い傾向が見られるため、その実現を図るため、情報提供・相談体制の充実に努める「生きがいづくり事業」や、住んでいる地域の絆を強めることで幸福感の向上に努める「地域の絆づくり事業」を行っていきます。

（3）市民の幸福度の測定について

若者からお年寄りまでの幅広い年齢層を対象に、総合計画の効果測定と、各世代の意識データを収集することを目的にとして二〇〇〇名を対象とした市民アンケートを実施し、この中で、①幸福を感じる重視事項、②現在の幸福度合い等について尋ねたところ、幸福を感じるための重視事項としては、①健康状況、②家計状況、③家族状況であり、特に健康状況、家族との助け合いについては世代が上がるほどに関心が上がっていくことがわかりました。

今後は、層の厚い高齢者層の調査対象者の年代分布をより細分化したり、家族との関わりや、家族構成が与える影響、自宅以外に外へ出ての活動などの地域との関わりと幸福感等との関係について調査の検討を行っていきたいと思います。

図1　幸福感を判断する際に重視した事項

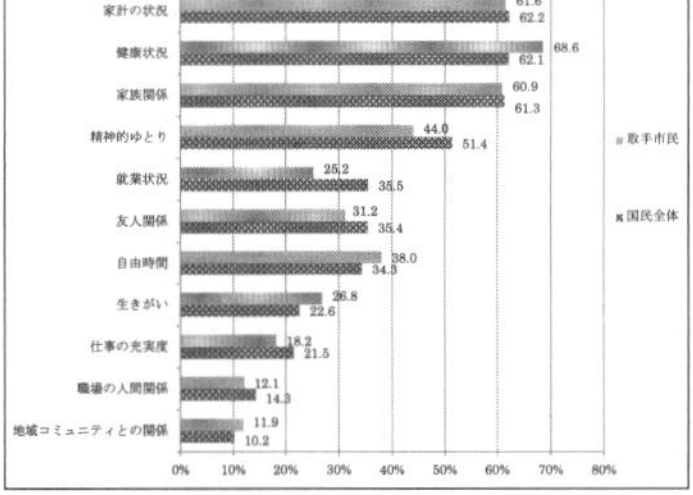

出所：平成24年度取手市民アンケート、平成23年度国民生活選好度調査結果

茨城県　つくば市《し》

つくばを紡ぐ、未来につなぐ

市長……市原　健一（いちはら　けんいち）
面積……二八四・〇七平方キロメートル
人口……二一万九八四八人（平成二六年一月一日現在）

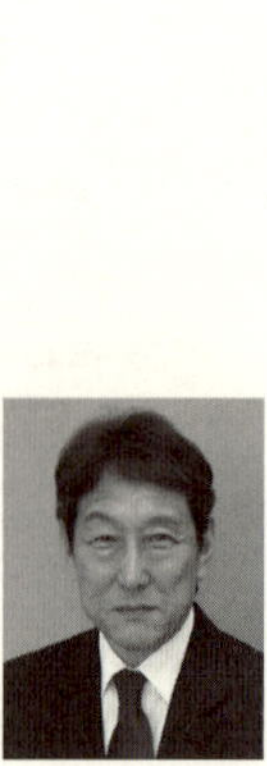

自然と科学が融合するまち

つくば市は、首都東京から北東に約五〇キロメートル、成田国際空港から北西に約四〇キロメートルの距離に位置する特例市です。また、関東平野を一望する名峰「筑波山」を擁する緑豊かな自然と田園、「研究学園都市」の持つ最先端の科学技術、これら自然と科学を合わせ持った田園都市でもあります。平成一七年には、つくばエクスプレスが開業し、都心とのアクセスが飛躍的に向上し、沿線では新たなまちづくりが進んでいます。

筑波研究学園都市五〇周年を迎えて

平成二五年、筑波研究学園都市建設が閣議了解されてから五〇周年を迎えました。筑波研究学園都市は、東京の過密緩和を図るため、国の研究機関等の計画的な移転と、科学技術立国としての発展の礎となる高水準の研究と高等教育の拠点の形成を目的に建設され、現在では、官民合わせて数百に及ぶ研究機関が集積し、最先端の研究が行われている科学技術集積拠点となっています。さまざまな課題を抱える社会の中で、持続的な経済成長を図る成長戦略として、科学技術を振興していくことは、新産業を生み出し、日本経済を力強く牽引し、ひいては市民生活の豊かさの向上につながるものと確信しております。

当市では、次の五〇年の一層の発展に向け「住んでみたい、住み続けたいまちをつくる」、「活力に満ちたまちをつくる」という視点をもって諸施策に取り組んでいます。

さらに、それらの取り組みをオールつくばで実践し、有形・無形の財産として未来のつくばにつないでいくことにより、人口減少社会や超高齢社会、自然災害や環境・エネルギー問題等の社会的課題を乗り越え、五〇年先一〇〇年先も市民が誇れるスマート・ガーデンシティ、緑豊かな環境に集う人材や知財が未来を先導する自立都市を目指していきます。

「つくば国際戦略総合特区」の推進

科学技術の集積効果を最大限に活用し、「つくばモビリティロボット実験特区」や「つくばモビリティロボット実験特区」といった新産業等を創出するプロジェクトを推進しています。

茨城県・筑波大学と共同で推進する「つくば国際戦略総合特区」では、つくばを変える新しい産学官連携システムの構築を図るとともに、「ライフイノベーション」、「グリーンイノベーション」の両分野で、我が国の成長・発展に貢献する、①次世代がん治療の開発実用化、②生活支援ロボットの実用化、③藻類バイオマスエネルギーの実用化、④世界的ナノテク拠点の形成の四つの先導的プロジェクトを推進しています。

さらに今後、新しいプロジェクトを創出し、五年以内に目に見える成果を上げることにより、我が国の成長・発展に貢献していきます。

「環境モデル都市つくば」の推進
―平成四二年までに市民一人当たりのCO_2排出量五〇パーセント削減を目指して

「CO_2削減技術の開発・実験」と「市民等の協働の実践体制の構築」を統合し、国内・

世界へ発信・普及を図ることを基本コンセプトに、平成二〇年から、市民、企業、大学・研究機関、行政が一体となりオールつくばで低炭素社会づくりの取り組み「つくば環境スタイル」を進めてきました。

平成二五年三月には、これまでの取り組みが評価され、我が国における低炭素づくりを牽引する優れたものとして、国から「環境モデル都市」に選定されました。先導となる環境モデル都市を実現させるために、コミュニティエコライフ、モビリティ・交通、最先端技術、環境教育・実践という四つの統合アプローチで取り組んでいます。

「つくば市マネジメントシステム（TMS）」の運用

「ISO9001」の認証登録終了に伴い、平成二四年四月、つくば市マネジメントシステム（TMS）を構築し、行政サービスの効率化と質的向上を図り、市民の利便性や満足度を高め、市民に信頼され親しまれる市役所づくりを目指し運用を開始しました。

この取り組みの一環として、本庁舎と六か所の窓口センターへの来庁者に対し「市民アンケート窓口調査」を実施し、市民の意見をもとに業務改善策等の検討を行い、取り組み可能なものは速やかに実行することで、行政サービスと市民満足度の向上に努めています。

茨城県　かすみがうら市《し》

子どもからお年寄りまで、元気で住みやすいまち

市長……宮嶋　光昭（みやしま　みつあき）
面積……一五六・六一平方キロメートル
人口……四万三九四〇人（平成二六年一月一日現在）

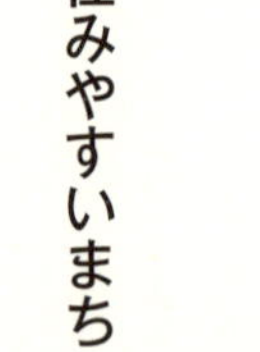

かすみがうら市の概要

かすみがうら市は、茨城県南部のほぼ中央に位置し、国内第二位の面積を誇る湖「霞ヶ浦」と筑波山系の南麓に挟まれ、その一部は水郷筑波国定公園に指定されるなど、風光明媚な優れた自然環境を有しています。土浦市、石岡市に隣接し、首都東京へ約七〇キロメートル、県都水戸市へ約三〇キロメートル、筑波研究学園都市へ約一〇キロメートルの距離にあり、ＪＲ常磐線、千代田石岡インターチェンジを市内に有する常磐自動車道、国道六

号、国道三五四号などの幹線交通網が各都市を結ぶ、恵まれた立地条件となっています。

気候は、霞ヶ浦や筑波山系の山々の影響を受けて、冬季は比較的暖かく、夏季は比較的涼しく、台風や霜、雪などの被害も比較的少ない地域で、温暖な気候に恵まれています。

豊かな自然環境を財産として、台地には梨や栗などの畑や平地林、低地には水稲やレンコンなどの水田が広がり、また、霞ヶ浦沿岸ではワカサギやシラウオなどの内水面漁業も行われています。さらに、JR常磐線の神立駅周辺や幹線道路沿いでは、商業・業務系や住居系の市街地が形成され、都市化が進展しています。市の産業は、レンコンや果樹、内水面漁業など全国有数のシェアを誇る農水産業と、立地条件に恵まれて集積した商工業がバランスよく発展してきました。

特色ある取り組み

市が活性化し、元気で住みやすいまちとなることで、住民の幸福実感向上につながると考えます。そこで特色ある当市の取り組みを二つ紹介します。

（1）かすみがうら市プラチナタウン構想

日本の高度成長期に起こった、首都圏などへの爆発的な人口集中によって、今後、この地域の高齢化が進行し、高齢者が増加することが見込まれており、特に都市部においては、介護サービス利用者の急速な増加が予測され、特別養護老人ホームや高齢者向けの住宅などが不足する状況になってくることが想定されます。

一方、当市では、人口減少などにより、地域の活力の低下が懸念されており、地域経済の活性、雇用の場の確保など、地域活性化が課題となっています。

そこで、この二つの課題を双方が連携することにより、両地域の人々の福利向上につながるものと考えました。都市部の介護施設等への入居希望者を、当市が受け入れるための施設整備の可能性、及び体制等を構築することを目指し、平成二五年七月、当市への施設整備を検討する事業者等が主体となり「かすみがうら市プラチナタウン研究会」を発足させました。

今後、当市の立地条件を活かし、高齢者の受入れ体制の構築に併せて、介護福祉産業という成長分野を発展させれば、新たな雇用が生まれ、若者世代の定住化へつなげることができると考えられます。子どもからお年寄りまで、元気で住みやすいまちを目指し、今後、この研究会による、構想実現へ向けた取り組みが進められていきます。

（2）レイクサイドサイクルフェスタ　かすみがうらエンデューロ

当市では、雄大な景色や多くの歴史的遺産、そして温暖な気候を利用した農水産業などの地域資源を活かし、果樹観光や霞ヶ浦の風物詩である観光帆引き船など、さまざまな観光事業を行っています。また、霞ヶ浦湖畔に、たくさんのサイクリストが訪れていることに着目し、新たに平成二四年度から、自転車レースイベント「かすみがうらエンデューロ」を開催しています。

このイベントは、各地で自転車レースを開催している「一般社団法人ウィズスポ」と当市の共催により行っており、湖畔約四・八キロメートルの周回コースを設け、平成二四年度には、二時間・四時間の耐久レースに加え、クリニックやサイクリングなど、初心者でも気軽に参加できるメニューを設けました。また、メイン会場となった歩崎公園では、霞ヶ浦周辺市町村による、地元食材を用いたフードイベントも同時開催され、県内外・地元の方も楽しめるイベントとなっています。

今後、自転車を活用した霞ヶ浦湖畔の周遊など、これまでの事業と連携し、新たな観光資源として観光客を誘致することができ、「地域の元気」につなげていけると考えています。

栃木県　小山市《おやまし》

「開運のまち　おやま」「おやまブランド」の全国発信

市長……大久保　寿夫（おおくぼ　としお）
面積……一七一・六一平方キロメートル
人口……一六万五四六五人（平成二六年一月一日現在）

「開運のまち　おやま」

小山市は、栃木県第二の都市として、「水と緑と大地」の豊かな自然と古い歴史を有し、特に徳川幕府三百年を決定付けたと言われる天下分け目の軍議「小山評定」の開かれた「開運のまち」であり、東京圏からわずか六〇キロメートルの新幹線の停車する鉄道・国道とも に交差する交通の要衝にあるなど、今後、さらに発展する可能性を有しています。

この可能性を現実のものとするため、「小山を創る」の理念のもと、「人・行政（市役所）

を創る」「まちを創る」「くらしを創る」の三つの「創る」を基本姿勢として、「夢」「未来」溢れる「小山創り」に取り組んでおり、産業・都市・教育・医療基盤の整備、子育て支援等による「人と企業を呼び込む施策」を積極的に推進するとともに、「小山ブランド」に代表される豊富な地域資源を最大限に活用し、市民の幸福実感に資する「豊かで活力があり、暮らしやすい」、「夢」「未来」溢れるまちづくりを進めています。

「おやまブランド」の全国発信

当市では、豊かな自然環境と人々の高い技術によって生み出される産品、古い歴史や誇れる文化等の素晴らしい地域資源をブランド化して全国発信する「おやまブランド」の創生運動によるまちづくりを展開しています。

（1）世界に誇る文化「本場結城紬」の活用

平成二二年に世界ユネスコ無形文化遺産に登録された「本場結城紬」は、その世界的評価の一方で、景気の低迷や着物離れなどによる需要の減退から、生業として成り立たなくなったため、産地は深刻な後継者不足となっており、このままでは、日本最古で世界唯一の絹織物の技法を今に伝える本場結城紬産業が途絶えてしまうことさえ懸念される状況にあります。

そこで、産地と行政が一体となって真の活性化を図るべく、平成二五年度に「小山市本場結城紬復興振興五カ年計画」を策定し、振興策の一つに掲げる「後継者の確保・育成」のため、市独自の試みとして、本場結城紬の生産振興に関わりたいという意欲的な人材を、市職員の新たな職種「紬織士」として採用し、卓越した技術を確実に後世に継承するとともに、生産振興・普及宣伝の広告塔として育成することとしています。

（2）世界に誇る自然「渡良瀬遊水地」の活用

平成二四年にラムサール条約湿地に登録された「渡良瀬遊水地」について、ラムサール条約の目的とする「賢明な活用」の「三本柱」の推進による地域振興に取り組んでいます。

第一は治水機能確保を優先とした「エコミュージアム化」であり、第二調節池の湿地保全・再生により整備される「浅い池」「深い池」と「水路」「木道」等を自然観察や自然体験の場として活用するもので、第二は「トキ・コウノトリの野生復帰」であり、その実現のため「ふゆみずたんぼ」を活用した環境整備や営巣づくりを進めるものです。

そして、第三は「環境にやさしい農業を中心とした地場産業の推進」で、おやまブランド「ラムサールふゆみずたんぼ米」の生産や「ふゆみずたんぼ」を活用した「ホンモロコ」

の養殖など付加価値の付いた農業の推進、渡良瀬遊水地に存する本州以南最大のヨシ原のヨシを活用した「ヨシズ編み」、「ヨシの堆肥化」等の地場産業を促進するものです。

（3）小山市原産「思川桜」の里親制度

小山市の母なる「思川」をより一層魅力的で市民に親しまれる川とするため、思川沿いで発見された市の花である、小山市原産の「思川桜」を活用し、平成一三年度から、思川堤防沿いに、市民等が里親となり思川桜の木の育成を行う「桜の里親制度」を導入し、市民参加による思川桜堤の整備を進めています。

思川堤防は、日頃から散歩やジョギングのコースとして市民に親しまれるとともに、一年を通して各種イベントの会場として周辺地域の活性化の拠点にもなっているため、里親制度による桜堤整備事業は、市民及び市外等から多くの参加をいただき、その後、公園や道路の植栽等へも制度が導入された結果、一二年間で、植樹延長約八・五キロメートル、一四八〇本に達するなど、市民の環境意識の高揚と里親活動を通した交流の輪が広がっています。

これら市の誇れる資源を活用した施策による地域振興・活性化を推進し、さらに「人と企業を呼び込み」、市民にとって「夢」「未来」溢れる小山市を創っていきます。

群馬県　桐生市《きりゅうし》

「伝統と創造、粋なまち桐生」を目指して

市長……亀山　豊文（かめやま　とよふみ）
面積……二七四・五七平方キロメートル
人口……一二万二〇四人（平成二六年一月一日現在）

織物のまち桐生

群馬県の東南部に位置する桐生市は、東は栃木県の足利市と接し、西は赤城山まで達しています。市域の約七割を森林が占め、渡良瀬川と桐生川が流れ、山々が屏風状に連なる水と緑に恵まれた山紫水明の地です。

また、当市は「織物のまち」として古くから知られ、奈良時代の初めには絹織物を朝廷に献上し、江戸時代には「西の西陣、東の桐生」とうたわれ発展してきました。現在も、

織物をはじめとして繊維関連のさまざまな技術が集積しています。

さらに、子どもに人気の桐生が岡動物園や桐生が岡遊園地をはじめ、豊かな自然を生かしたハイキングコースなどに多くの観光客が訪れており、近年は、織物産業の繁栄を今に伝える建物や町並みを活用した産業観光にも注力しています。

産学官の連携と地域資源を生かしたまちづくりの推進

(1) 人口減少対策の推進

当市では、平成二〇~二九年度を計画期間とする「桐生市新生総合計画」に基づき、さまざまな施策を推進していますが、平成二五年度からの後期の五年間における最重要課題として人口減少対策を位置付けました。

当市の人口は、昭和五〇年をピークに減少傾向が続き、ここ数年は毎年一〇〇〇人以上の人口が減少しています。出生者数を死亡者数が上回る「自然減」と転入者数を転出者数が上回る「社会減」が同時に進行しているのが特徴です。

こうした中、当市の人口減少要因を分析し、地域特性を生かした効果的な施策の実施につなげるため、平成二四年度に庁内組織として「桐生市人口減少対策検討委員会」を設置し、「人口減少対策に関する提言書」をとりまとめました。現在は、当市の特徴を的確に捉えた提言書を基礎資料として、より実効性の高い施策・事業の構築に努め、全庁体制で人口減少対策に取り組んでいます。

（2）「重伝建」地区を核とした歴史まちづくり

平成二四年七月に国の「重要伝統的建造物群保存地区」に選定された本町一・二丁目及び天神町一丁目の一部の地区は、江戸時代後期から昭和初期に建てられた主屋や土蔵、ノコギリ屋根工場など、絹織物に関わるさまざまな建造物が一体となった特色ある町並みが残り、「織物のまち」として栄えた歴史的環境を今日に良く伝えています。今後は、この歴史的な町並みを後世に伝え継ぐため、建造物の修理・修景や町並みの整備を行います。

また、市内には同地区以外にもノコギリ屋根工場をはじめとする数多くの歴史的資産が存在することから、「重伝建」地区を核とした総合的・一体的なまちづくり施策の検討を行い、地域の活性化につなげていきます。

（3）群馬大学理工学部を核としたまちづくり

当市には、群馬大学理工学部があります。同学部は、地元企業や市民からの強い要望を受け、大正時代に設立された「桐生高等染織学校」が前身であり、産業界との強い結びつきのもと、まちとともに発展してきました。

当市では、「まちと大学との共存共栄」に向けた体制整備を図り、重点施策として同学部を核とした産学官連携の推進、及び連携を通じた地域産業活性化に取り組んできました。現在でも、新製品や新技術等の創出に向けて、同学部と地元企業による共同研究が盛んに行われています。

また、環境の分野においても、産学官連携のもとで「チャレンジ25地域づくり事業」や「緑の分権改革調査事業」など、地域資源を生かした低炭素型のまちづくりに関するプロジェクトを実施してきました。当市では、これらの取り組みなどを踏まえ、「環境先進都市」としての将来構想を構築していきます。

さらに、平成二五年度からは、学校教育の分野において、理科教育の充実を目的に、子どもたちが行う実験に対して、群馬大学大学院理工学府の学生が助言や支援などを行う、当市独自の特色ある教育プログラム「サイエンスドクター事業」を新たに実施しています。

埼玉県　秩父市《ちちぶし》

ちちぶ定住自立圏構想の推進

市長……久喜　邦康（くき　くにやす）
面積……五七七・六九平方キロメートル
人口……六万六九四二人（平成二六年一月一日現在）

豊かなまち　環境文化都市　ちちぶ

秩父市は、埼玉県の北西部にあり、その面積は県全体の約一五パーセントを占めています。都心まで約六〇～八〇キロメートル圏に位置し、周囲に山岳丘陵を眺める盆地を形成しています。市域の八七パーセントは森林で、面積は県の森林の約四〇パーセントを占めています。ほとんどは秩父多摩甲斐国立公園や武甲・西秩父などの県立自然公園の区域に指定されており、自然環境に恵まれた地域です。

また、観光や歴史・文化などの魅力も豊富です。芝桜の丘や奥秩父の紅葉、秩父札所巡礼などがあり、さらに一〇月の龍勢祭、一二月の秩父夜祭では多くの観光客が訪れます。このほか、東京湾にそそぐ一級河川荒川の源流地域であり、また、全国の小中学校の卒業式で最も歌われている「旅立ちの日に」の発祥の地であるなど、さまざまな資源にあふれた、にぎわいのあるまちです。

ちちぶ定住自立圏構想

当市は、近隣の四町とで構成する秩父圏域で、定住自立圏構想の推進をしています。一市四町が連携して、生活に必要な医療や産業、環境などさまざまな分野の行政サービスの向上に取り組むことにより、安心して住み続けていける地域を目指しています。

以下、主な取り組みの概要をご紹介します。

（1）医療分野

秩父圏域の医療については、医師・医療スタッフの確保や救急医療体制の維持が急務となっています。そのため、圏域内の医療機関や秩父郡市医師会など医療関係団体の協力を得て「ちちぶ医療協議会」を結成し、地域完結型医療の実現を目指しています。具体的事業としましては、産科の病院が少ない秩父圏域で、安心して子どもを産むことができるようにするため、圏域外からの産婦人科医師の派遣などを進めています。また、医療研修プログラムを作成することにより、地域ぐるみで若手研修医の受け入れ体制を構築しています。

（2）産業分野

①観光連携……秩父夜祭や長瀞ライン下りなどに代表されるように、秩父圏域は観光地として「秩父」「長瀞」の名称で多くの人々に知られています。そこで圏域の観光資源を体系化して、戦略的・効果的に観光を売り出すため、一市四町で「秩父地域おもてなし観光公社」を設立し、地域の活性化を目指しています。

②秩父ジオパーク……秩父地域は「日本地質学発祥の地」として、平成二三年九月に日本ジオパークの認定を受けました。地域住民との協働により、環境保全や地質資源の活用、人材育成などの活動を通じて、秩父地域が大地の恵みを体感できるフィールドとなることを目指しています。また、現在、世界ジオパーク認定に向けて取り組んでいます。

（3）環境分野

圏域面積の約八割が森林であるという自然環境を保全するため、地域の事情を考慮し、その特性を活かし、圏域の将来像をイメージした「ちちぶ環境基本計画」を策定し、事業を進めています。また、秩父産木材の普及促進を図るため、活用に向けた事業や森林整備のための事業を実施しています。

（4）水道

秩父圏域では、荒川水系のダムなどを水源として各自治体で安心・安全な水の安定供給に取り組んでいますが、施設の老朽化対策や耐震化、応急給水及び応急復旧対策等、将来を見通した場合に単独自治体では対応しきれないことが予想されるため、水道の広域化を進めることにより、圏域内の水道事業を安定的・効率的に運用できるようにしていきます。

このほか当市では、安心・安全なまち、そして日本一しあわせなまちをつくるため、地域の皆様との協働によるセーフコミュニティの推進等、さまざまな事業に取り組んでいます。

埼玉県　川島町《かわじままち》

住み続けたいと思えるまちに

町長……高田　康男（たかだ　やすお）
面積……四一・七二平方キロメートル
人口……二万一五三八人（平成二六年一月一日現在）

都会に一番近い自然豊かな町

川島町は、埼玉県のほぼ中央に位置し、四方を川に囲まれた立地から「川島」の名がついたまちです。

都心から四五キロメートルという近さから「都会に一番近い自然豊かな町」として知られており、特産物は、江戸時代にお蔵米として川越藩に献上されていた由緒ある「お米」と、県内有数の産地にもなっている「いちご」、また、第三の特産物として栽培と商品開発も進んでいる「いちじく」です。

平成二〇年三月には、首都圏中央連絡自動車道（圏央道）川島インターチェンジが開通し、この立地条件を活かし産業団地などの整備が進んでおりますが、田園風景から眺める夕日に染まった秩父連山、冬になると白鳥が飛来する越辺川、県の蝶であるミドリシジミが多く生息する荒川河川敷など、多くの自然が残り、水と緑が豊かな自然の味わいを残す首都圏のオアシスとなっています。

誰もが住み続けたいと思えるまちに

減少し続ける人口の歯止め策とし、「定住促進プロジェクト」、「交流・転入促進プロジェクト」、「生活基盤充実プロジェクト」の三つのリーディングプロジェクトを掲げ、当町の魅力をさらに高め町内外の人々に積極的にＰＲし、まずは多くの方に当町を知ってもらい、訪れる人に活力を与えられるような「おもてなし」を実施できるような取り組みを模索しているところです。

平成二五年度から若者の定住促進に係る固定資産税の課税免除制度を開始して、四〇歳未満の方が、新築住宅又は中古住宅を取得した場合、固定資産税の課税を五年度分免除し、多くの若い人に定住していただけるようにしました。また、若者の力をまちづくりに活かそうと、当町の魅力を多くの方へ積極的にＰＲを行う若者主体の団体（例えばご当地ヒーローの活動をする団体など）の活動に対しての助成も開始しました。

町としても若者の力に注目し、その柔軟な発想を施策に反映させることと、人材育成を目的とし、若手職員中心のプロジェクトを立ち上げて取り組んでおります。健康維持と伸び続ける医療費の削減に対応するための「元気・健康プロジェクト」や、地域公共交通の再編に向けた「地域公共交通対策プロジェクト」などの事業提案を行っております。一例としまして、平成二五年度に提案をまとめた「サイクリング事業プロジェクト」について紹介します。

埼玉県は、自転車保有率日本一で日本一長い川沿いサイクリングロードがある県であり、河川に囲まれた当町にも約一五キロメートルのサイクリングロードが堤防上にあります。「ぐるっと埼玉サイクリングルート100」にも選出されており、この地の利を活かした事業展開として、サイクリストを活用した町の交流・転入促進プロジェクトの推進について研究し活用案を作成しました。

提案の特徴として、女性のサイクリストの視点からアプローチを行ったことが挙げられます。オープンカフェによる集客、オリジナルスイーツの開発、日本一の長さを誇るバラのトンネルがある平成の森公園のパワースポット化計画など、サイクリストを立ち寄らせる方策が提案されました。パワースポット化計画の提案の中では、てんとう虫の像を置く（触ると転倒しなくなるという御利益を作る）、公園内を色分けして風水を取り入れるなど、ユニークなアイデアが提案されました。また、女性の情報発信力の高さにも注目し、ポタリング（散策的なサイクリング）をする女性、ポタガールの活用なども提案されています。

これからも、若手職員の斬新な発想を生かした施策の検討を進め、交流人口の増加、地域の活性化を目指し、「住む人に快適を　訪れる人に活力を　笑顔で人がつながるまち」、誰もが住み続けたいと思えるまちとするために努力していきたいと考えております。

千葉県　鴨川市《かもがわし》

住んでよかった、ずっと住み続けたい鴨川

市長……長谷川　孝夫（はせがわ　たかお）
面積……一九一・三〇平方キロメートル
人口……三万五三一二人（平成二六年一月一日現在）

自然と歴史を活かした観光・交流都市

鴨川市は、平成一七年二月一一日に旧鴨川市と、旧天津小湊町が合併し誕生しました。房総半島の南東部、太平洋側に位置し、温暖な気候と美しい海岸線、長狭平野の田園風景など、豊かな自然環境に恵まれています。

房総の観光拠点として、鴨川シーワールドやマリンスポーツを中心に発展してきましたが、誕生寺・清澄寺や鯛の浦などの日蓮聖人生誕の地としての特性を有し、自然と歴史を

生かした観光・交流都市です。

また、こうした地勢から観光業のスペシャリストを育てる城西国際大学観光学部や医療の担い手を育てる亀田医療大学など、相次いで大学が開学しております。

荒川区とは、平成三年一〇月に友好交流協定調印し、平成七年一一月には、災害時における相互応援に関する協定に調印をしています。

毎年、荒川区で開催される「川の手荒川まつり」では、当市が誇る海の幸や山の幸をご紹介しています。さらに、夏休みには「自然まるかじり体験塾」が開催され、毎年多くの荒川区の子どもたちが当市に来られます。農家にホームステイして、農作業をしたり、鴨川漁港では漁師料理や漁船乗船を体験したりするなど、当市の自然を満喫していただいております。

みんなで創る光り輝くふるさとを目指して

（1）自然まるかじり体験塾

昭和六二年から実施し、平成二五年度で二七回目となります。荒川区の小・中学生などが当市の農家にホームステイをし、農業体験をします。平成二五年度は、荒川区の子ども三九名を市内一二軒の農家で受け入れました。これまで二七年間で延べ一三〇〇人超の荒川区の子どもたちが鴨川の夏を体験し、受入農家は延べ四〇〇軒以上に上ります。

（2）市民提案型・みんなで育て鯛《たい》！まちづくり支援事業

個性豊かで魅力ある地域づくりが効果的に進められるよう、市民活動団体による現場からの提案事業を募集し、プレゼンテーションを公開することで、まちづくりのノウハウと地域課題の共有を図る機会とし、優秀な提案事業を行う市民活動団体に対して、事業実施に係る経費を補助します。

①はじめ鯛《たい》！コース「立上げ支援」

②発展させ鯛《たい》！コース「発展自立支援」

（3）地域力再生プロジェクト（第二次五か年計画より）

我が国の総人口が減少に転じる中で、当市においても人口減少や少子高齢化が続いていています。これに伴い、当市の基幹産業である農林水産業は後継者不足が深刻化し、さらに、国際的な経済連携への参加が検討され、その経営環境はさらに厳しさを増していくことが予想されることから、第一次産業の活力の低下に拍車がかかり、さまざまな弊害を生じさせることが懸念されます。

一方、レジャーの多様化の影響等により観光客数が減少傾向にあるとともに、我が国における近年の厳しい経済情勢は、当市にも少なからぬ影響を与えています。

しかし、当市には、豊かな自然、首都に近い立地、高品質な各種農林水産品、優れた歴史・文化など、誇りうる地域資源が数多くあります。地域力の再生を実現するために、鴨川の強み（長所）を伸ばし、弱み（短所）を改善・解決する四つのプロジェクトを推進します。

①六次産業化と農商工連携による産業力の再生
②定住の促進による市民力の強化
③「ホリスティックツーリズム」[*1]による新たな交流の創造
④地域力の基盤となる住みよさの追求と暮らし満足度の向上

＊1　ホリスティックツーリズムとは、全体を意味する「ホリスティック」と旅を意味する「ツーリズム」の合成語で鴨川独自のものです。市内の自然、文化、歴史、人々の生活、産業など、既存のさまざまなものを観光資源として捉え、それを商品として磨き、観光客などに正しく紹介し、理解していただこうというものです。

千葉県　大多喜町《おおたきまち》

「本多忠勝・忠朝」を大河ドラマに

町長……飯島　勝美（いいじま　かつみ）
面積……一二九・八四平方キロメートル
人口……一万二〇六人（平成二六年一月一日現在）

城と渓谷の町大多喜

大多喜町は、東京都心から六〇キロメートル圏、千葉市から四七キロメートルの距離で房総半島のほぼ中央、太平洋側に位置しています。

清澄山系房総丘陵に広がる東西一二キロメートル、南北一九キロメートル、総面積一二九・八四平方キロメートルの広大な町域を持つ町で、南西部に山間地帯を有し、東北に向かうに従い低地となっており、森林が総面積の約七〇パーセントを占めています。

清澄山系に源を発し、太平洋へ注ぐ夷隅川や東京湾へ注ぐ養老川、特に町内の谷合いを流れる養老川は平坦地の少ない地形条件から美しい渓谷を形成しています。県立自然公園に指定されている養老渓谷は、春の新緑、秋の紅葉シーズンには多くの観光客でにぎわいを見せています。

町の基幹産業として農業があげられますが、そのほとんどが兼業農家であり、稲作中心の農業となっています。また担い手の高齢化や有害鳥獣被害の拡大により、農家数及び作付面積も年々減少の傾向にあります。

当町は、平成二二年四月から、過疎地域指定を受けましたが、過疎地域からの脱却に向けた施策に取り組んでいます。

大河ドラマ誘致に向けた実行委員会の活動

町では、地域資源を生かしたまちづくりによる地域の活性化を図る目的で、地元ゆかりの戦国武将本多忠勝・忠朝を題材に、ＮＨＫ大河ドラマの誘致に向けた取り組みを行っています。

（1）史実

今から約四〇〇年前、房総半島中央部大多喜の地に、近世上総大多喜城を築城し、城下町の整備を始め、当地域の基礎づくりに貢献した人物が徳川四天王の一人、本多忠勝とその次男本多忠朝であります。

本多忠勝は、徳川家康の最重要側近として戦国の世を駆け抜けた勇猛果敢な忠義一徹の武将です。生涯五七回の戦いに無敗を誇り、家康に過ぎたる者とたたえられ、止まったトンボさえも真っ二つになるという「蜻蛉切」の槍の名手として多くのエピソードが残されています。

また、本多忠朝は、慶長一四（一六〇九）年、大多喜藩内の御宿沖で座礁した、スペイン乗組員三一七名の命を救い、以後、日本、スペイン、メキシコの友好交流の基を作った温情あふれる人間性豊かな二代目大多喜城主です。

（2）誘致実行委員会の立ち上げ

大河ドラマ誘致実行委員会は、町内企業の代表者や郷土史家等で、平成二一年八月に組織を立ち上げ、設立総会において町長より委員三〇名に委嘱状を交付しました。

平成二三年二月には「探訪ふるさとの歴史―房総の小江戸『大多喜』を訪ねて」を発刊しました。

平成二三年一二月には誘致活動住民説明会を開催し、翌年一月からは誘致に関する署名活動を開始し、一万七九四八人（平成二六年二月一四日現在）の町内外の皆様からの署名をいただくことができました。また、三月には誘致ＰＲ用大型看板を作成し、当町の玄関口となる国道沿いに設置し、当町に訪れる皆様にも広くＰＲしています。

（３）「本多忠勝・忠朝」サミットの開催

平成二四年九月には、大多喜お城まつりの前夜祭として、当町他近隣一一自治体のほか、本多一族にゆかりのある三重県桑名市、長野県上田市、愛知県刈谷市等県外六市の代表者にも参加をいただき、大河ドラマの実現に向け、共同宣言が採択されました。

さらに平成二五年六月には、四〇〇年前の御宿沖での座礁船の乗組員救助の史実をきっかけにした、日本とメキシコ合衆国との交流関係から、駐日メキシコ合衆国大使館文化担当官にも出席をいただき、日本放送協会へ要望書を提出したところです。

今後も、県内近隣自治体及び本多家ゆかりの県外自治体との交流や連携を図ると同時に、各種イベント時での誘致に向けたＰＲ活動を実施し、多くの皆様への認知度を上げる活動に取り組んでまいります。

東京都　荒川区《あらかわく》

「幸福実感都市あらかわ」を目指して

区長……西川　太一郎（にしかわ　たいいちろう）
面積……一〇・二〇平方キロメートル
人口……二〇万七六三五人（平成二六年一月一日現在）

下町人情と新たなコミュニティが混在するまち

荒川区は、東京二三区の北東部に位置し、北側約八キロメートルを流れる隅田川の豊かな自然に恵まれ、住商工が混在し、下町人情にあふれた、心温かなまちとして発展してきました。近年は、再開発やマンション建設等の進行、都心へのアクセスが良いことなどから人口増加が続いており、新たなコミュニティも生まれています。

荒川区民総幸福度による区政の推進

当区では、「区政は区民を幸せにするシステムである」というドメインのもと、基本構想に「幸福実感都市あらかわ」という将来像を掲げ、その実現に向けて、荒川区民総幸福度（グロス・アラカワ・ハッピネス＝ＧＡＨ）という考え方を区政に取り入れ、区民に信頼される質の高い区政を推進しています。

当区におけるＧＡＨの研究は、世界的にも先駆的なもので、公益財団法人荒川区自治総合研究所と区が共同で行っており、荒川区、つくば市、京丹後市の呼びかけによる幸せリーグの設立も、その成果の一つです。当区では、ＧＡＨ指標を活用した政策・施策等の検証や改善と並行して、ＧＡＨを区民に理解・協力していただく取り組みも行っています。平成二五年五月には、各分野の区民リーダーに「荒川区民総幸福度（ＧＡＨ）推進リーダー」に就任していただき、さまざまな活動を通じてＧＡＨの推進を図っています。

未来への投資

当区では、「幸福実感都市あらかわ」の実現への歩みを着実に進め、より良い地域社会をつくるため、子どもたちのための教育環境の整備に積極的に取り組んでいます。

（1）学校パワーアップ事業

当区では、小中学校が教育の充実に積極的に取り組めるよう、校長の予算執行上の裁量権を拡大し、校長のリーダーシップのもと、確かな学力の育成、特色ある教育活動の展開、環境教育の充実等により、各校がさらにパワーアップしていくことを目指しています。

各校では、この予算を活用し、外部講師による始業前や放課後等の補充学習といった個別指導を行うとともに、デジタル教科書や電子黒板等の機器を購入し、児童・生徒の学習への興味、関心を高めた授業を行い、学力向上に向けた取り組みを各校が工夫を凝らし進めています。また、地域の方々のご協力のもと、琴や茶道、折り紙といった伝統文化理解教育などの特色ある活動、伝統野菜の栽培や田植え、植林等の環境教育等に取り組んでいます。

（2）タブレットＰＣの導入

当区では、学校教育の一層の充実のために、「教育の情報化」を推進しています。区立小中学校の全普通教室をネットワーク化し、電子黒板を設置するとともに、ネットワークを活用した「デジタル教科書」の配信を行うなど、ＩＣＴを活用した「分かりやすい授業」を実践してきました。さらに平成二五年度は、すべての児童・生徒がこれからの社会をたくましく生き抜くためのスキルを身に付けられるよう、タブレットPCの導入プロジェクトに着手し、平成二六年度には、全区立小中学校で活用時の一人一台体制を整備します。

区民の笑顔を増やすために

「幸福実感都市あらかわ」を実現するためには、何よりも職員の能力やモチベーションの向上を図ることが不可欠です。

当区では、職員を区の財（たから）と考え、平成一七年四月に、職員育成のための組織内大学「荒川区職員ビジネスカレッジ（ABC）」を創設しました。職員一人ひとりがその使命を深く認識し、「区民を幸せにする」という「志」と「能力」を兼ね備え、常に向上心を持って自分自身を磨き続けること、これがABC設立の目的です。

今後もABC等を通じて、区職員がスキルアップを図り、荒川区役所全体に「『志』と『能力』の好循環」を巻き起こし、一人でも多くの区民の皆様の笑顔を作れるよう質の高いサービスを提供していきます。

神奈川県　大和市《やまとし》

「健康都市」の実現

市長……大木　哲（おおき　さとる）
面積……二七・〇六平方キロメートル
人口……二三万二二三六人（平成二六年一月一日現在）

大和市の概要

大和市は、神奈川県のほぼ中央に位置し、政令指定都市の横浜市や相模原市、そして東京都町田市に接しています。面積は約二七平方キロメートルと比較的小さな市ですが、相模鉄道本線、小田急江ノ島線、東急田園都市線が乗り入れ、横浜や新宿、渋谷へのアクセスが良く、都心のベッドタウンとして発展してきました。バランスよく配置されている八つの駅から一キロメートル圏内に人口の八割を超える方々が居住するなど、交通の利便性が特に高いまちです。市内には、多くの大型ショッピングセンター、市立病院をはじめとする医療機関、日米が共同使用する厚木基地もあり、六六の国と地域、約五六〇〇人の外国人市民も生活しています。規模の大きい横浜市を百貨店、観光地として有名な鎌倉市を専門店に例えると、当市は狭い市域にさまざまなものが集まる、日本で一番コンビニエンスストアのようなまちだと思います。我が国の人口は減少傾向にありますが、当市では立地の良さなどもあって、いまだに人口が微増しています。財政状況について、平成二四年度一般会計決算における、市民一人当たりの地方債残高は、県内一九市で最も低い数値に、財政調整基金の残高は、二番目に高い数値になっています。

健康都市

当市は、平成二〇年九月にWHO健康都市連合に加盟しました。平成二一年二月には、市制五〇周年を契機として「健康都市やまと」宣言も行いました。この宣言は、保健、福祉、医療などを通じて「人の健康」を守り、安全で快適な都市環境が整う「まちの健康」と、人と人のあたたかな関係に支えられる「社会の健康」を育てて行こうとするものです。同年三月には、「健康都市」の取り組みを具体化する第八次総合計画を策定しました。人は皆幸せな生活を送るために「いつまでも健康でありたい」という願いを持っています。当市では、すべての施策に「健康都市」の理念を取り入れ、その推進に力を注いでいます。

防災施策等

当市は県内で二番目に人口密度が高く、住宅が密集する地域もあることから、大規模な地震が発生した場合、同時多発的に火災が起きる可能性があります。このため、軽量でコンパクトなスタンドパイプ消火資機材を約一五〇の自主防災組織に配備しました。スタンドパイプは、消火栓や排水栓に接続して消火活動を行うもので、放水は住宅の二階屋根まで届くなど、大きな消火能力を有していますが、これまで一般の市民は、消火栓等を利用できませんでしたが、県内では初めて県と覚書を締結し、地域による新たな消火活動を可能としました。現在、スタンドパイプと接続して飲料水を供給する応急給水用資機材の導入も進めています。また、災害時のトイレ対策も極めて重要であるため、薬品で処理を行う携帯トイレを一五万個備蓄しました。この取り組みは市民の間でも広が

スタンドパイプ操作訓練の様子

り、自主防災組織全体で既に五万個を超える備蓄を行っています。

この他にも、「健康都市」に向けては、多くの施策を実施しています。「人の健康」分野では、全国的な医師不足の中、市立病院での医師確保に努め、二一年ぶりの収支黒字化を達成しました。また、不妊症や不育症の治療費助成など少子化対策にも取り組んでいます。小中学校では、図書室のリニューアルや図書館司書の配置なども行っており、小学校三校が本県を代表する読書活動優秀実践校として、文部科学大臣賞を受賞しています。これに加えて、小学校のすべての普通教室に電子黒板を整備し、より分かりやすく、児童の興味を引く授業を行っています。「まちの健康」分野では、公用車一〇〇台以上を青色回転灯装備車「青パト」に切り替えるなど犯罪の抑止に努めた結果、犯罪認知件数は大幅に減少しています。「社会の健康」分野では、中心市街地の大和駅周辺地区で整備が進む再開発ビルの中に文化創造拠点となる新たな図書館や芸術文化ホールなどを設置する予定です。また当市は、なでしこジャパンで活躍する川澄選手等の出身地で、小中学生を対象とした「なでしこカップ」を開催するなど、「女子サッカーのまち」を目指しています。こうした施策の積み重ねが「健康都市」として結実し、市民の皆様に幸福をもたらすものと確信しています。

新潟県　三条市《さんじょうし》

明るく楽しく元気よく、歩いて「健幸」に

市長……國定　勇人（くにさだ　いさと）
面積……四三二・〇一平方キロメートル
人口……一〇万二四八九人（平成二六年一月一日現在）

三条市の概要

三条市は、新潟県のほぼ中央に位置し、鍛冶を始めとする「ものづくりのまち」として古い歴史を持っています。道具やそれを作り上げてきた技術を支え、長い歴史の中で育まれてきた常により良いものを作ろうとする「ものづくりの心」こそが当市の自慢であり、誇りです。また、守門岳や粟ヶ岳など雄大な山々を望み、秋には赤や黄に染まる紅葉のパノラマ、そして冬には白く峻厳な山々を背景に優しく清流に羽を休める白鳥の姿など、四

季折々に異なった魅力を見せる豊かな自然にも恵まれています。

スマートウエルネス三条―まちなかのにぎわいの再生

当市では、平成二七年には三人に一人が高齢者になることが予測されています。この流れを変えることはできませんが、決してネガティブに捉えてはいません。なぜなら、それは誰もが望んでいた長寿を手に入れることができたという表れでもあるからです。長寿を享受し、生涯にわたり健康で幸せに暮らし続けるためには、歩いて行動できる範囲に生活基盤が整い、さらに、誰もが楽しみながら歩くことで、知らず知らずのうちに健康になれるような環境を作っていくことが大切だと考えています。こうした基本認識のもと、高齢化の著しい中心市街地を舞台に展開する「スマートウエルネス三条」の取り組みをご紹介します。

当市の中心市街地（まちなか）では、高齢化が急速に進む一方、店舗の廃業やスーパーの撤退等による空洞化が進行した結果、食料品等生活用品の調達が困難になるなど、高齢者を中心とした地域住民の日常生活に必要な基盤が失われつつあります。このような中、まちなかのにぎわいを再生し、生活に必要な都市機能の回復を図るために実施した取り組みが「～三条マルシェ～ごった市@ホコテン」です。これは、まちなかに屋外仮設市場を仕立て歩行者天国とし、そこに「人が集まり楽しむ空間、にぎわいの場」を「演出」するものです。商店街の物的な環境整備や単発のイベント等では十分な成果を上げることが難しいこの分野は、中心市街地という社会資本の持つさまざまな可能性に着目し、多くの方からその可能性の一端を「体感」することで市場性を評価してもらうことが何よりも大切です。そのためには、まずは多くの方をまちなかに引きずり出すことが欠かせません。そこで、より多くの方から「面白そう」「行ってみたい」と感じてもらえる場を創り出すことを第一に考え、さまざまなイベント等を貪欲に、「ごった」に受け入れるという姿勢を大切にこれまで取り組みを進めてきました。

その結果、平成二二年度に始まった三条マルシェは、二年間で累計来場者数約三〇万人、一日の来場者数最大九万人超、さらに、三条マルシェが触媒となり、高校生等によるボランティアグループ「マルシェ部」の誕生に見られるまちなかへの若者の回帰の萌芽、三条マルシェ出店者や商店街が企画・運営した「たまり場市」「サンタマルシェ」の開催等の市民主体の新たな活動など、関係者の予想を上回るインパクトを生み出し続けています。

このように、楽しみながら結果として歩いてしまう三条マルシェは、自然と健康で幸せに暮らせるまち「スマートウエルネス三条」の象徴的な取り組みへと成長しました。

「非日常」から「日常」へ

こうした動きをさらに促進し、持続可能な日常的なものへと広げていくためには、まちの装いそのものをハードとソフトの両面から変えていくことも必要です。ハード面では、快適な都市空間を創出していくうえで重要な要素である道路空間を歩行者優先の価値観へ変容するための取り組みとして、車の通行に一定の制限をかける「ゾーン30」を導入するとともに、歩行者が休憩できるたまり空間や道路にイベントステージを整備するなど、道路そのものの在り方を見直しています。また、当市のアイデンティティである「ものづくり」の歴史や文化を語る重要な資源でもある「鍛冶町水汲小路」に代表される市内に一〇〇以上ある小路をさらにその魅力を活かした空間にデザインしていくことにより、新たな人の滞留を生み出していきたいと考えています。こういったハード面の整備と併せ、装いを変えた道路等を舞台に繰り広げられる「さんじょう１０８ａｐｐｙ《ひゃくはっぴー》」の創出を支援しながら、人々が出掛け、自ずとそこで立ち止まり楽しめるよう、「健幸」をまちづくりの柱に据え、スマートウエルネス三条を推進していきます。

新潟県　妙高市《みょうこうし》

総合健康都市・妙高を目指して

市長……入村　明（にゅうむら　あきら）
面積……四四五・五二平方キロメートル
人口……三万五一二一人（平成二六年一月一日現在）

自然と健康になれるまち

妙高市は、新潟県の南西部に位置し、上越市、糸魚川市、長野県の飯山市、長野市、北安曇郡小谷村、上水内郡信濃町に接しています。

市内には、秀峰妙高山をはじめ、火打山、高妻山の三つの百名山があります。これらの妙高山麓一帯は、上信越高原国立公園に属していますが、市では「国立公園・妙高」を掲げ、優れた自然景観を保護するとともに、その利用の増進を図っています。

また、七つの温泉地からなる妙高高原温泉郷があり、いずれも個性豊かな名湯で、年間を通じ多くの方が訪れています。近年は「健康」をキーワードとして、林野庁から認定を受けた六つの森林セラピーロードでのウォーキングなどの軽運動と温泉入浴を組み合わせ、「健康保養地プログラム」による交流人口の拡大に向けた取り組みを進めています。

「総合健康都市・妙高」の推進

高齢化時代の到来を迎え、健康寿命に対する関心の高まりの中で、生涯を通じた健康づくり対策が求められています。

当市は、温泉や食、自然環境、気候風土などの豊富な自然資源を合わせ持っており、この恵まれた資源を活用し、日常的な運動習慣や望ましい食習慣を身につけることで、健康寿命の延伸や医療費の削減に結びつける取り組みを進め、「市民も訪れた方も健康になれる『総合健康都市・妙高』の構築」を目指しています。

今までの取り組み概要

（1）平成二四年度

子どもから高齢者までが、健康づくりを日常生活の中で実践することで、元気でいきいきとした市民生活と、活気あふれるまちの実現を目指し、「自分の健康は自分で守り、つくる」を基本理念とした「妙高市元気いきいき健康条例」を制定しました。また、気候療法や温泉療法のエビデンス（証拠）を検証するため、市民を対象とした「健康プログラム実施調査」や、観光客向けの滞在型「ヘルスツーリズム客対象調査」を実施するとともに、市民への意識啓発を図るため「健康保養地まちづくりシンポジウム」を開催しました。

①健康プログラム実施調査の結果

気候療法ウォーキングや温泉療法、軽運動を行う五時間程度のプログラムを一八回開催し、体幹部の引き締め効果が検証されるとともに総合的に身体機能が向上しました。また、血液検査において、中性脂肪の大幅な改善がみられました。

②滞在型ヘルスツーリズム客対象調査の結果

二泊三日及び三泊四日で、気候療法ウォーキングや温泉療法、軽運動を行うプログラムを実施しました。身体機能が変化するまでには一定の期間を要するため、本プログラムでは、気分尺度の回復やリラックス効果を確認しました。

（2）平成二五年度

前年度に立証したエビデンスを基に、介護予防・生活習慣病予防・健康づくり・ヘルスツーリズムツアーの四つの項目ごとに対象者を区分し、延べ一二五〇名の方が、「健康保養地プログラム」を実施しています。また、市民あげて減塩に取り組む「みょうこう減塩大作戦」や市民の健康づくりに対する意識を高めるため自分の健康を見直す機会として「健康フェア」を開催しました。

このような、健康条例の制定や健康保養地プログラムの実施など、健康づくりに対する取り組みや姿勢が評価され、七月には、WHO健康都市連合及び健康都市連合日本支部への加盟が承認されました。また、一一月には、「健康寿命をのばそう!アワード」において、厚生労働省健康局長・優良賞を受賞しました。

今後の取り組みの方向

健康寿命を延ばし、市民の健康増進を進めることは、市民の幸福度を高めるものと考えています。「総合健康都市・妙高」の構築に向け、多くの市民や訪れる方から参加いただけるよう対象者別のプログラムを拡充するとともに、拠点となる施設整備を行い、年間を通じて、多様なプログラムの提供を図っていきます。

新潟県　津南町《つなんまち》

強くてやさしいまちづくりの実現に向けて

町長……上村　憲司（かみむら　けんじ）
面積……一七〇・二八平方キロメートル
人口……一万六四六人（平成二六年一月一日現在）

首都圏から近い日本の原風景

津南町は、新潟県の最南端にあって、長野県と境を接しています。町の南西から北東に流れる信濃川と、これに合流する志久見川・中津川・清津川の河川に沿って、雄大な日本一の河岸段丘が形成されています。冬期間が長く、日本有数の豪雪地帯である一方、夏は北西の涼風に恵まれ、高原性のさわやかな気候が続きます。

当町一帯は、河岸段丘を利用して先史時代より人々が生活を営み文化を築いてきたことが伺われ、町の各地に縄文時代の遺跡が見受けられます。

昭和三〇年一月一日、町村合併促進法により六か村が合併して津南町が誕生しました。翌三一年に一部境界変更をし、現在に至っています。

恵まれた自然とふれあいのある津南町

（1）津南町認証米
現在日本で最も多く作付けされている米はコシヒカリです。その中でも当町を含む新潟県魚沼地方で栽培されるコシヒカリは日本一の良食味と評価され、トップブランド米を維持しています。

日本一の理由は、この地域の気候風土（雪と水、土と地形）がコシヒカリそのものの品種特性とも合致しているからです。

当町は特に、「登熟に適した河岸段丘」、「好適な土壌」、「雪」、「豊富で清潔な水」、「日当たり、通風等」の特徴があります。

コシヒカリの田植えから収穫までは、
・雪が多いため、五月中旬以降に田植えをします。

・出穂（穂が出て、花が咲くこと）が八月のお盆前です。
・登熟（実が入ること）が八月下旬から九月です。
・刈り取りが九月下旬から一〇月です。

このような気象条件のもとで栽培され、当町独自の旨みにこだわった認証基準による「津南町認証米」のブランド化を推進しています。

その認証基準は、

①特別栽培米であること。
②一等米であること。
③選別に一・九ミリ以上の網目を使用していること。
④タンパク質含有量が五・〇～六・〇パーセントであること。
⑤種子及び苗の購入証票及び栽培履歴が確認できること。
⑥栽培期間中は、畦畔へ除草剤を使用しないこと。

この認証基準すべてを満たさなくては、「津南町認証米」として認められません。

認証米ロゴマーク

（2）苗場山麓ジオパーク構想

文化財と観光を総合的に整備し、ジオパークライセンスを取得する「苗場山麓ジオパーク推進事業」を実施します。ジオパークとは、その地域の地形や地質、生態系、歴史文化を守りながら体感して楽しく学ぶ場所のことです。

当町には、日本一の河岸段丘、苗場山や鳥甲山が噴火した時の溶岩による柱状節理、古型マンモスの歯の化石が発見された一一〇万年前の地層、山伏山や見倉の風穴など地質学上とても魅力的な場所があります。また、栃の木の原生林や小松原湿原などの自然豊かな生態系が形成され、この地の祖先は縄文時代から生活を営んできています。

これらのジオ（地球・地質）、エコ（環境・動植物）、カルチャー（歴史文化・伝統）を保全し、教育や観光に活用していこうというのが、「苗場山麓ジオパーク構想」です。

平成二五年四月にジオパーク推進準備室を設置し、ジオサイトの選定と整備、ツアーコースの企画や整備、企画展や講座の開催を行いながら、苗場山麓ジオパーク推進事業を進めていきます。

日本一の河岸段丘

富山県　南砺市《なんとし》

さきがけて　緑の里から　世界へ

市長……田中　幹夫（たなか　みきお）
面積……六六八・八六平方キロメートル
人口……五万四三七〇人（平成二六年一月一日現在）

香り高い歴史と文化のまち

南砺市は、豊かな自然に抱かれた、歴史と文化のまちです。世界遺産の五箇山合掌造り集落を有する山間部から、散居村が広がる平野部まで、日本が誇る美しい原風景は人々の心に懐かしさと安らぎを与えます。

平成二五年四月二八日より、南砺市内でのみ視聴できる「南砺市限定アニメーション」という今までにない形で、「恋旅～True Tours Nanto」が公開となりました。アニメというコンテンツを通じ当市の自然・文化・風土の素晴らしさをお伝えするとともに、直接足を運んでご覧いただく中で当市のファンにもなっていただけるよう、交流観光による魅力的なまちづくりに取り組んでまいります。

また、環境配慮型の持続可能な暮らしの構築を目指し、街灯のＬＥＤ化事業や、小さな循環と連携を進めながら総合的なまちづくりにつなげていく「エコビレッジ構想」を積極的に推進しております。「次世代に選ばれるまち南砺」として全国のモデルとなれるよう、市民の皆様とともにさらなる一歩を進めていきたいと思います。

「このまちに生まれてきてよかった」と感じるまちへ

（１）なんとＧＮＨ事業

平成二四年七月に、「ＧＮＨ幸せの尺度は～経済のものさしから、豊かさのものさしへ～」と題して、なんとＧＮＨ事業・幸福感あるまちづくりシンポジウムを開催しました。

世界遺産　五箇山合掌造り集落

経済的な満足度より精神的な満足度が注目されている昨今、特にブータンでは、ＧＮＰ

（国民総生産）ではなく、GNH（国民総幸福）という尺度で国づくりが行われています。当市には、後世に伝えていくべき豊かな自然や風土が残っており、ブータンの環境に符合することから本シンポジウムを開催しました。一二〇名の市民が参加し、GNHやブータン事情に詳しい関西大学社会学部教授・草郷孝好氏からブータンの国民性や国民総幸福を目指す政策などについて講演をいただき、続いての討論会では、当市における市民幸福論を熱く楽しくパネラーと市長が語り合いました。

（2）南砺市エコビレッジ構想

当市では、平成二五年三月、自立循環型の地域社会構築を目指して、「南砺市エコビレッジ構想」を制定しました。

エコビレッジ構想の特徴は、自然と共生する暮らしであり、生活に必要なものをできるだけ地域で賄うことで自給率と自立度を高め、安心して暮らせる持続可能な社会を目指すものであります。

この構想は、「小さな循環による地域デザイン」を基本理念とし、次の六つの基本方針を定めています。

①再生可能エネルギーの利活用による地域内エネルギーの自給と技術の育成

②農林業の再生と商工観光業との連携
③健康医療・介護福祉の充実と連携
④未来を創る教育・次世代の育成
⑤ソーシャルビジネス、コミュニティビジネスによるエコビレッジ事業の推進
⑥森や里山の活用と懐かしい暮らし方の再評価による集落の活性化

今後、平成二八年度までに、当市の桜ヶ池地域でのエコビレッジモデル事業を確立し、以降、市内各地へ展開することとしています。

当市では、全国平均を上回る人口の減少や高齢者世帯の増加、そして地球規模においては、温暖化や気候変動等、さまざまな変化が予測されています。そのような中で、人と人、人と自然の関係を改めて問い直し、目に見えない豊かさが実感できる「新たな暮らし」をデザインしていくことが必要であると考えています。

エコビレッジ構想モデル地域　桜ヶ池周辺

富山県　射水市《いみずし》

人にやさしいまちづくり

市長……夏野　元志（なつの　もとし）
面積……一〇九・一八平方キロメートル
人口……九万四九七八人（平成二六年一月一日現在）

豊かな自然　あふれる笑顔　みんなで創る　きららか射水

射水市は、富山県のほぼ中央に位置し、北は富山湾に面し、東は富山市、西は高岡市に隣接しており、半径約七キロメートルというコンパクトな中に、海、川、野、そして里山を有し、経済、産業、観光、文化等において魅力にあふれた市です。

豊饒の海富山湾が育む白えびやカニ、豊かな河川・里山・野が育むおいしい米や果物、曳山まつりや獅子舞、流鏑馬などの季節を彩る祭りなど、魅力ある地域資源が多くあります。

また、当市は、平成二三年一一月に、日本海側の各港湾を牽引する総合的拠点港に選定された伏木富山港新湊地区（富山新港）を有し、平成二四年九月には日本海側最大の複合（上部は車道、下部は自転車歩行者道）斜張橋「新湊大橋」が開通しました。さらに、平成二七年春には北陸新幹線が開業し、同年秋には、当市を主会場として第三五回全国豊かな海づくり大会が開催されます。こうしたことから、これらの機会を最大限に活かし、市勢の伸展に向けたさまざまな取り組みを進めています。

「子どもを産み、育てるなら射水市で」「元気で長生きするなら射水市で」

（1）子育てしやすいまちづくりを目指して

当市では、子育て支援を市の重点施策の一つに掲げ、安心して子どもを健やかに育てられるよう、さまざまな子育て支援施策の充実に取り組んでいます。

①子どもの健康は、子育ての基盤との観点から、子ども医療費の助成については、県内でも早くからその充実に努めており、これまで段階的に助成対象枠の拡大を図り、現在では中学三年生までの入通院に係る保険診療分の自己負担を所得制限なく無料化し

ています。

②仕事をしながら子育てをがんばる保護者の皆様を支援するため、市内には保育園が二六園あり、延長保育や休日保育、病児保育など多様な保育サービスを提供していま す。また、平成二五年度から第三子以降の保育園・幼稚園保育料を、所得や年齢の制限なく無料化しています。

こうした子育て世帯への手厚い経済的支援が、多子出産を希望される夫婦の後押しになることを期待しています。また、子育て支援センター等を配置し、子育てに関する相談や育児サークル活動の支援、育児講座の開設など、「子育てするなら射水市で」を実感できる子育て環境の整備に努めています。

③子育て情報を提供するため、子育て情報「ちゃいる.com（どっとこむ）」を開設し、市ホームページ、ケーブルテレビ、いみず子育て情報誌の配布及びメールマガジンの配信など、あらゆるメディアを通じ子育てに役立つ情報の発信に取り組んでいます。

（2）高齢者が元気で生きがいが持てるまちづくりを目指して

高齢者が健康で生きがいを持って生活できる環境の整備に取り組んでいます。

①七〇歳以上の高齢者を対象に、市内にある銭湯などの公衆浴場一六施設において利用

できる福祉入浴券（一二枚券／年）を配布し、健康の保持増進及び市民相互のふれあいづくりを推進しています。

②高齢者に人気があるスポーツのパークゴルフ競技場を四か所整備（県・民間の整備を含めると六か所）するとともに、全国規模のパークゴルフ大会を開催しています。

③六五歳以上の市民を対象とする専門的な見地から作成した個別運動プログラムによる「貯きん教室」を開催しています。（九か月間の期間で、体力年齢が平均一一歳若返ることが実証されています。）

④高齢者の各種相談に応じるとともに、健康増進、教養向上及びレクリエーションなどを行う保養施設として足洗老人福祉センターを設置しています。入館料は二〇〇円で天然温泉に入浴ができることもあって、高齢者の方々から好評を得ています。

⑤退職後の余暇の時間を充実して過ごしたいという高齢者のニーズに応じられる拠点施設として、市内五か所にふれあいサロンを設置し、健康教室、各種講座などを行っています。また、地域との関わりの中で、生きがいや役割を持ちながら豊かに過ごすことができる場として自治公民館などの施設を利用した地域ふれあいサロンを約二〇〇か所（約五八〇〇人が利用）で実施しています。

石川県　珠洲市《すずし》

きらり珠洲　人が輝くまちづくり

市長……泉谷　満寿裕（いずみや　ますひろ）
面積……二四七・二〇平方キロメートル
人口……一万六二七九人（平成二六年一月一日現在）

珠洲市の紹介

能登半島の先端に位置する珠洲市は、今もなお美しい里山里海が保たれています。豊かな「食」に恵まれています。そして何よりも素晴らしい「人」が暮らしています。

当市では、地理的ハンディから、人口減少と少子高齢化が進んでいますが、活性化に向けて、まずは「食」を中心に交流人口の拡大と農林水産業の振興を結びつけて取り組み、ひいては当市の産業全体に波及させたいと考えています。

歴史や伝統、文化も含め、当市の強みを活かしながら、市民の皆様とともに、活き活きと安心して暮らせる住みよい珠洲市、豊かで活力ある珠洲市を築き、日本一幸せを感じられる自治体を目指してまいりたいと考えています。

日本一幸せを感じられる自治体を目指して

平成二三年に「能登の里山里海」が国連食糧農業機関により世界農業遺産に認定され、能登の生活文化が世界的に貴重な資源として認められました。この世界農業遺産の保全や活用を通し、当市の魅力やおもてなし力の向上と情報発信に努めることで、一層の交流人口の拡大と農林水産業の振興につなげていきたいと考えています。さらに、大学との連携による人材育成などを通し人を伸ばすとともに、市内各地の強みや特性を活かした取り組みを支援し、活性化を図っていきたいと考えています。活き活きと安心して暮らせる活力ある珠洲市を目指し、より市民の皆様が幸せを感じられるよう全力で取り組んでいます。

（1）安心して暮らせる珠洲市を築くために

①電子カルテの導入や金沢大学ＣＰＤ(Continuing Professional Development)センターとのテレビ会議システムの導入など、医療の充実を図っています。また、特定健診や

人間ドックの個人負担金の引き下げ、介護予防としての水中運動やヘルスツーリズムの推進を図るなど、福祉の充実を図っています。

②小児医療費助成制度の拡充、保育所の大規模改修や設備充実など、子育て支援の充実に努めています。

③水道未普及地域の解消、消雪装置の整備、まちなみ環境整備、住宅等修景など、社会資本整備の充実を図っています。

④防災力強化のため、消防庁舎の移転新築計画、ハザードマップの改定、津波避難路整備や電柱表示、防災ラジオの無料配布、消防団資機材の充実、地区防災組織の強化、ちょっこり助け隊の取り組みなどを行っています。

⑤市内に住所を有する七〇歳以上の方を対象にシルバー定期購入費用の二分の一を助成しています。この制度を利用すれば一か月定期七〇〇〇円が三五〇〇円で購入できます。

⑥スポーツ関連施設の充実を図り、スポーツの振興と健康づくりを進めています。

⑦教育・文化の向上を図るため、小中一貫教育に向けた施設整備、学校図書司書の増員、小中学校の耐震化などを行っています。

（２）活力ある豊かな珠洲市を築くために

①自然と共生する珠洲市を目指すため、地域生物多様性保全計画策定、珠洲市里山里海応援基金の創設と世界農業遺産の保全・活用事業への補助、自然共生ポイントの創設、バイオマスストーブ購入費助成などを行っています。

②域学連携による人材育成として、里山里海マイスター育成講座を開設しています。

③交流人口の拡大と農林水産業の振興を結びつけた活性化を図るため、道の駅の整備・充実、寄り道パーキング整備、観光交流拠点施設整備、市内宿泊施設への改修費助成を行っています。

④雇用拡大のため、珠洲市独自の緊急雇用制度を実施しています。

⑤定住促進に向け、マイスター育成講座等を受講しているＵ・Ｉターン者を対象に、家賃の二分の一以内の額を補助しています。

⑥中心市街地の活性化のため、プレミアム商品券の発行や、買い物バス一〇〇円券の配布などを行っています。

⑦伝統文化を活かす取り組みとして、珠洲焼の振興に努めています。

山梨県　南《みなみ》アルプス市《し》

ふるさと愛プロジェクト

市長……中込　博文（なかごみ　ひろふみ）
面積……二六四・〇七平方キロメートル
人口……七万三一二六人（平成二六年一月一日現在）

全国唯一のカタカナ市名

平成一五年、六町村が合併して誕生した南アルプス市は、日本で初めて市名に外来語とカタカナを使用したことで耳目を集めました。

市名の由来は、六町村がともに共有する南アルプスの豊かな自然と澄んだ空気といった、自然環境の特徴と一致していることや、観光都市としての明るく新鮮なイメージを持てる名前であることなどから、一般公募により決まりました。

山梨県甲府盆地の西部に位置し、富士川（釜無川）右岸に広がる御勅使川《みだいがわ》の扇状地と、その上流部の南アルプス山系からなる地域です。

平坦部は釜無川右岸にかけて広がっており、市街地は主として国道五二号沿いに形成され東西に細長い形をしています。山間部は、北岳を始め、仙丈ヶ岳、鳳凰三山など、三千メートル級の山々がそびえる南アルプス国立公園に属しています。

また、江戸幕府において幕府公式の礼法とされた「小笠原流」発祥の地でもあります。小笠原流礼法とは堅苦しい作法を指すのではなく、「相手を大切に思う心」を動作にしたものです。南アルプス市は、この「心」という遺伝子を受け継ぎながらまちづくりを進めています。

競争力のある六次産業化都市を目指して

当市の特徴は、果樹栽培に適している気候条件から、「桃」、「すもも」、「さくらんぼ」などの栽培が盛んで、春から秋にかけてたくさんのフルーツが実る果樹園はフルーツ王国・山梨の一翼を担っています。特に、当市原産の「貴陽」は、世界一の重さの「すもも」として平成二四年にギネス登録されました。

果樹栽培のほか、そ菜、花き農業も盛んなまちですが、農業就労者の高齢化や後継者不足により耕作放棄地や荒廃山林が増えてきています。

そこで、地域固有の財産である農林業を蘇らそうと市内全域を六次産業化し、ネットワーク化する「ふるさと愛プロジェクト」を立ち上げました。具体的には、平成二五年七月、市からの出資金等で（株）南アルプスプロデュースを設立し、中部横断自動車道南アルプスインターチェンジ南側に、農林業の六次産業化施設を集積させた拠点施設「南アルプス完熟農園」の整備に着手したところです。「日本の農のある風景・世界へ！」を事業理念に、農林業のショーウインドウを目指しています。

六次産業化都市のイメージ

さらに拠点施設を活用し、都市と農村との交流活動を進め、農林業の担い手を確保することと併せて、再生可能なエネルギー資源の開発等も行い、エネルギー自立型のまちづくりを実現させたいと考えています。

豊かな自然と共生する世界的モデルとして

当市の大きな魅力は、崇高な「南アルプス」の山々が織り成す雄大な自然環境です。世界文化遺産に登録された富士山、日本で第二位の高峰北岳などの山々を眺望でき、車椅子等でも散策できるようにと、このほど、「櫛形山トレッキングコース」を整備しました。山岳愛好者のみならず、多くの方々に来ていただき、楽しんでいただくことはもちろんのこと、自然を大切にし、守り、共生していくという、南アルプス市民のライフスタイルが世界中の人々の共感を呼ぶような地域となることを目指しています。

今後、「南アルプス国立公園」を取り囲む自治体と連携し、「環・南アルプス・トレイル」として、南アルプスの山々を周遊するルートを設定することにより、それぞれの特色を楽しめる地域として、その魅力を発信していきたいとも考えています。

中白根山から見た北岳

また、並行して、県境を越える一〇市町村が登録を目指している「南アルプスユネスコエコパーク（生物圏保存地域）」が平成二五年九月に国内推薦を受けました。これから、ユネスコの正式決定を待たなければなりませんが、南アルプスの自然環境の永続的な保全と持続可能な利活用に共同で取り組み、魅力ある地域づくりを進めていきます。

山梨県　北杜市《ほくとし》

ベンチャー自治体として

市長……白倉　政司（しらくら　まさし）
面積……六〇二・八九平方キロメートル
人口……四万八八五六人（平成二六年一月一日現在）

「山紫水明」の地

北杜市は、八ヶ岳、甲斐駒ヶ岳、瑞牆山、茅ヶ岳といった日本を代表する山々に囲まれた景観を有し、国蝶オオムラサキの生息数が日本一など動植物の宝庫です。また、名水百選に「白州・尾白川」、「八ヶ岳南麓高原湧水群」、「金峰山・瑞牆山源流」が選定され、ミネラルウォーターの生産量が日本一を誇るなど日本有数の名水の里でもあります。これらに加え日照時間の長さが日本一を誇り、まさに「山紫水明」の地です。また、当市は、平山郁夫シルクロード美術館、金田一春彦記念図書館、清春芸術村に代表される美術館・資料館・ミュージアムが多数存在する文化の薫り高いまちでもあります。さらに、首都圏から車で二時間、中京圏から二時間半程度と非常に近い距離にあり、市内には三つのインターチェンジを有しています。このアクセスの良さを活かし、北杜市、長野県富士見町、原村と広域的な観光連携である「八ヶ岳観光圏」を中心とした観光振興や広大な農地を有する市の特徴を活かした農業生産法人などの企業誘致にも力を注いでいます。

力みなぎる「ふるさと北杜」を築くために

豊かな自然環境を資源として活用し、東京から約二時間という利便性（JRの駅が六つ・中央高速道のインターチェンジが三つ）も活かしつつ、地域活性化に取り組む「ベンチャー自治体」北杜市。「人と自然と文化が躍動する環境創造都市」を目指しています。

総合計画では、①教育・文化に輝く杜づくり、②産業を興し、富める杜づくり、③安全・安心で明るい杜づくり④基盤を整備し豊かな杜づくり、⑤環境日本一の潤いの杜づくり、⑥交流を深め躍進の杜づくり、⑦品格の高い感動の杜づくり、⑧連帯感のある和の杜づくりの八つの杜づくりを大きな柱として事業に取り組んでいます。

（1）子育て支援、少子化対策

当市は、超少子高齢化による「ふるさと存続の危機」を乗り越えるため、子育て世代に魅力的で子育てしやすいまちを目指し、子育て支援・少子化対策に力を注いでいます。平成二一年度から全国的にも珍しい保育料の第二子以降無料化を実施し、子育てがしやすい環境に配慮した子育て支援住宅の建設を平成二五年から開始しています。また、市内に開業する小児科・産婦人科の開業医への財政的支援を行う特定診療科施設開業支援事業を実施するなど、当市の子育て支援は、子育ての経済的な負担軽減や子どもを安心して産み育てられる環境整備といったバランスを重視した政策を実施しています。その他にも、公共職業安定所と連携して市役所内に「ほくとハッピーワーク」を設置し子育て世代の就労の支援をしています。また、ハッピーワークは子育て世代だけでなく就職困難である若者等へも支援の対象を拡大しています。これにより若者の生活基盤の安定化が図られ、婚姻や出産を促進し、少子化対策としての効果に期待しています。

（2）エネルギー施策

市民共有の貴重な財産である美しい豊かな自然環境を、良好な状態で次世代へ引き継ぐことが当市の重要な政策だと考え、自然エネルギーの政策を積極的に取り入れ、地球温暖化問題への意識の高揚と低炭素社会の実現に向けた取り組みをしています。

これまで、豊富な水資源を活用し農業用水を利用した小水力発電、日本一の日照時間を存分に活かした国事業の大規模太陽光発電施設の実証研究、官民パートナーシップによる小水力発電事業などを実施しています。また、「スクールニューディール構想」事業として市内の小中学校・高校（小学校一一校、中学校九校、高校一校）に太陽光発電システムを導入し、未来を担う子どもたちの環境に対する意識の向上に取り組んでいます。

大規模太陽光発電施設は、現在、「北杜サイト太陽光発電所」として市営で運営しています。この「北杜サイト太陽光発電所」の収入を貴重な財源とし、将来にわたっての持続可能な運営を目指し、太陽光発電を中心とした自然エネルギー事業を展開していきます。

「一流の田舎まち―北杜市」を目指して

将来、「食糧・エネルギー・環境・水」の四つは地球の課題になると言われていますが、この四つは、まさに当市の潜在能力であり宝でもあります。これらをさらに活かしながら、存在感と地域力を高め、誇れるふるさと、外から自然と足や心が向かうふるさと「一流の田舎まち―北杜市」を目指していきます。

長野県　青木村《あおきむら》

子育ての充実と高齢化社会への対応

村長……北村　政夫（きたむら　まさお）
面積……五七・〇九平方キロメートル
人口……四六五三人（平成二六年一月一日現在）

青木村の概要

青木村は、長野県の東北部に位置し、東南に上田市、西に松本市、西北に筑北村と、三市村に隣接しています。北、西、南と三方を緑豊かな山並みに囲まれ、面積のほぼ八割を山林が占める山間には、のどかな農山村の原風景が残っています。

当村には、鎌倉時代から室町時代へと移る正慶二年（一三三三年）に建立された国宝大法寺三重塔があり、その美しい姿に、旅人が何度も振り返って見たという意から「見返りの塔」と呼ばれ、広く親しまれています。さらに、開湯が飛鳥時代といわれる田沢温泉は「子宝の湯」としても知られ、沓掛温泉には弘法大師にまつわる伝説が残るなど、長い歴史に醸成された心地よい空間が広がっています。

また、古くから「夕立と騒動は青木から」と言われる当村では、江戸時代から明治にかけて五回もの農民一揆が起こっており、自らの命を顧みず庶民のために立ち上がり、正義を貫いた先人を誇りとし、義民太鼓を創設、村をあげて義民の精神を顕彰しています。

住民を中心とした諸施策

(1) 青木村の現状

当村は、人口約四六〇〇人と行政と住民が非常に近い距離にあり、住民を基本に置いた行政が進められています。明確に住民の幸福度という目的をもって調

国宝大法寺三重塔

査・アンケートは実施しておりませんが、住民の幸福の向上、特徴的と思われる事業の取り組みをご紹介します。

（2）青木村の特徴的な施策

当村の特徴的な施策の一つに「教育」があげられます。一村保育所、一小・中学校の特性を生かした保・小・中一貫教育体系を整備し、「心豊かでたくましい当村の子どもの育成」を教育目標に掲げ、地域と家庭・学校が連携して子どもたちの教育環境の充実に努めています。親元を一週間離れて通学する「あおきっ子合宿」は、小学校四年生から六年生の希望者が、家庭を離れて友達と生活することにより、異年齢との共同生活の楽しみや、人と人とのつながり、より良い社会を作り上げる力「社会力」を身につけ、心的に豊かな人間形成の基礎を築くことを目的とし、平成一七年から実施されています。この過程で、信州大学・長野大学と連携協定を締結し、教育の分野だけでなく、地域づくりに対しても助言や意見交換を交わしています。さらに、発達障がいのある子どもたちへの支援体制として、カウンセラーを教育委員会に常駐し、小・中はもちろんのこと、未就学児や乳幼児の健診などに際しても出向き、子育てに不安を持つ保護者や家庭に対し寄り添い、支援する体制を整備しています。地域が子育てに関わることにも取り組み、放課後、児童に昔ながらの遊びや学習を教える寺子屋など、一線をリタイヤした住民の活動の場、生きがい対策にも寄与しています。

また、少子高齢化社会を迎え、高齢者世帯・独居老人が増える中、ボランティア意識を持つ住民が有償で、「買い物」や「草刈り」など身の回りの必要なサービスを提供する「地域支えあい事業」が各地域に浸透しつつあります。「話し相手」や「安否確認」など無料のメニューもあり、昔ながらの近所づきあいはまだまだ根付いているとはいえ、世代間格差、核家族化など、希薄になりつつあるコミュニティのモデルとして期待が寄せられています。

一方、若者世代に対しては、山間村故か若者の出会いの場が少なく、そのことが晩婚化、少子化の一因であると考え、出会いの場の提供、きっかけ作りとして、消防団員を対象とした婚活にも取り組みを始めています。平成二四年に初めての試みとして、消防団が主体となったパーティーを行い、一組が結婚に至ったという朗報もあり、このような機会を設けることにより結婚に対する意識の向上が図られているものと考えます。

行政が一方的にサービスを提供するのではなく、仕掛けやきっかけを作ること、住民を主体とすることで、各々が生きがいや、やりがいを見出し、ひいては幸福につながるものと信じています。

岐阜県　大垣市《おおがきし》

「日本一住みやすいまち・大垣」を目指して

市長……小川　敏（おがわ　びん）
面積……二〇六・五二平方キロメートル
人口……一六万三〇八八人（平成二六年一月一日現在）

「水の都」大垣

大垣市は、日本列島のほぼ中央、濃尾平野の西北部に位置しています。

中山道や美濃路が通る交通の要衝であったため、古くから東西の経済・文化の交流の拠点として栄えるとともに、関ヶ原合戦などの天下分け目の戦いの舞台にもなりました。俳人・松尾芭蕉が「奥の細道」の旅を終えた地としても知られており、今も俳句文化が息づく文化の香り高いまちです。

古くから「水の都」と呼ばれ、その豊富で良質な地下水を利用して、岐阜県内有数の産業都市として発展を遂げ、西濃地域の中核としての基盤を着実に築きあげてきました。

市民一人ひとりがかがやけばまちもかがやく「かがやきライフタウン」

当市では、さまざまな生涯学習活動や青年活動、市民活動が盛んに行われていました。これらの活動をさらに広げ、市民・企業・行政などによる協働型のまちづくりを進めるため、平成一六年九月、「人間重視」の新たなビジョン「かがやきライフタウン構想」を策定しました。

かがやきライフタウン大垣

構想は、市民が社会参加や地域貢献などを通して自己実現や生きがいを実感でき、一人ひとりがいつまでもかがやき続け、市民の魅力で活力あふれるまちを目指すもので、市の長期的なまちづくりCI（シティ・アイデンティティ）となります。以来、市民がかがやいた人生を実感できるさまざまなステージを用意しています。特に、夏・秋・春と、年三回開催するイベントは、市民・団体で構成する実行委員会が企画運営を手掛け、活動成果の発表の場や活動参加へのきっかけの場として、構想を具体化する代表的なものとなります。

また、市民がこれまでに培った知識や経験を生かすため、市民講師の登録制度を設けています。登録された市民が自ら講師となり、「かがやき成人学校講座」や地域に出向いて行う「かがやき出前講座」などで活躍しています。

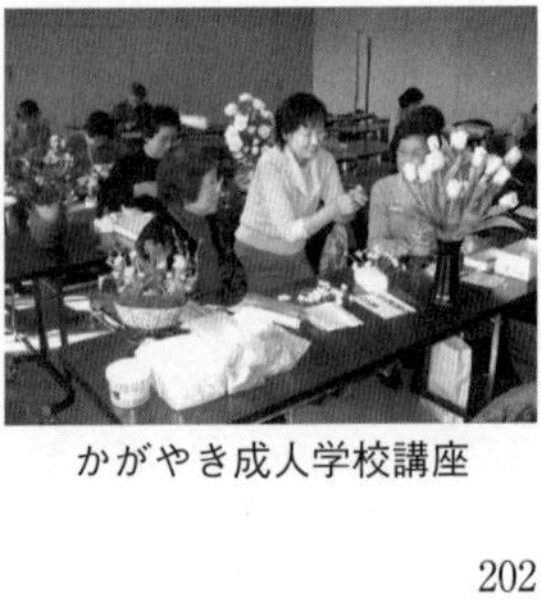
かがやき成人学校講座

子育て日本一のまち

人口の減少による地域活力の低下が懸念される中、未来を担う子どもたちに重点を置くため、平成二一年度に子育て支援部を設置しました。平成二二年四月には子育て支援条例を施行、平成二四年度からは、高校生世代まで、通院・入院まで医療費を無料としました。子どもが健やかに育ち、安心して子育てができる「子育て日本一のまち」の実現に向け、子育て環境の充実に努めてきています。

子育て支援の拠点施設である「子育て総合支援センター」では、「相談」「情報提供」「人材育成」を三つの柱とし、子育て家庭を応援しています。年末年始を除く毎日開館し、面談による相談のほか「子育てなんでも相談」（通話無料）として家庭児童相談員や母子自立支援員が、子育て全般の相談を受けています。また、家庭で子育てをしている母親たちの育児不安や負担を軽減できるよう、乳幼児とその親が自由に交流する場として「子育てサロン」があります。市内一四か所で開設し、保育士などの資格を持つ子育てコーディネーターや地域の子育てボランティアが中心となって運営しています。年間のサロン利用者は二万五〇〇〇人以上と好評です。

その他にも、三歳と就学前の健診の間に、「五歳すこやか相談」を行っており、家庭と幼稚園・保育園の双方から子どもの発育・発達を見守り、積極的な子育てサポートを展開しています。

子育てサロン

大垣で暮らしませんか

これからも、一人ひとりの能力や個性を発揮できる場を創出し、市民サービスのさらなる充実に努めることで、まちににぎわいと活力があふれ、大垣に住んでみたい、住んでよかったと実感していただける日本一住みやすいまちづくりに取り組んでいきます。

愛知県　豊田市《とよたし》

「暮らし満足都市」の創造に向けて

市長……太田　稔彦（おおた　としひこ）
面積……九一八・四七平方キロメートル
人口……四二万一八七五人（平成二六年一月一日現在）

豊田市の概要

豊田市は、平成一七年の市町村合併により、都市部と農山村部を併せ持つ広大な市域を有する都市となりました。自動車産業を中心とするものづくり産業の中枢都市であるとともに、市域の七割を森林が占める自然に恵まれた都市です。また、豊田市美術館や豊田スタジアムなどの文化・スポーツ施設、ラムサール条約湿地に登録された東部丘陵湧水湿地群、紅葉で有名な香嵐渓など、魅力ある資源を数多く持つ多様性に富んだ都市でもあります。

平成二一年には国から「環境モデル都市」に選定され、当市の強みである産業、豊かな自然環境といった特性と市民力を活かして、交通・産業・森林・民生・都心の五つの分野を中心に活力ある低炭素社会づくりに取り組んでいます。

「暮らし満足都市」創造プログラムの推進

平成二五年度から平成二九年度を計画期間とする第七次豊田市総合計画・後期実践計画では、特に重点的・戦略的に取り組む施策を集約した四つの重点戦略プログラムの一つに、「暮らし満足都市」創造プログラムを位置付け、取り組みを進めているところです。

「暮らし満足都市」創造プログラムとは、これまでの農山村振興に主眼を置いた施策から一歩進め、都市部と農山村部が近接し、さまざまな施策が一つの自治体の中で完結して展開できる当市のメリットを最大限に活かし、都市部と農山村部がそれぞれの強みを活かし合い、弱みを補い合うことで、市民一人ひとりがニーズにあったライフスタイルを選択し、生涯を通じて豊かさを実感することで暮らしの満足度が高まることを目指すものです。

これまでの便利、不便という物質的な価値判断だけではなく、ゆとりや癒し、生きがいなど、暮らし方を総合的に評価できるような価値判断を積極的に示していくことを念頭に、「暮らし満足」と表現しています。このプログラムを設定した背景には、都市部では、ライフスタイルが多様化する中で、自然回帰や農的な暮らし、心の安らぎを求める人が増えている一方、農山村部では、地域の担い手となる人材を確保し、地域を活性化させたいというニーズが高くなっている状況があります。

この「暮らし満足都市」を実現するため、都市部と農山村部のさまざまなニーズに応じた交流機会を提供するとともに、多様な交流形態をコーディネートするための組織として「おいでん・さんそんセンター」を平成二五年八月に開設しました。現在は、地域住民、企業、各種団体等の活動と連携しながら、都市部と農山村部のニーズをデータベース化し、マッチングと交流のコーディネートをする「山里交流バンク事業」や、都市部のボランティアが農山村集落を支援する「集落活動支援事業」などに取り組んでいます。

今後、人口減少社会の到来、少子高齢化の一層の進行や生産年齢人口の減少など、右肩上がりの成長が期待できない時代を迎えることが想定されます。このような転換期における次期総合計画の策定を見据えると、将来都市像やまちづくりの目標指標の設定については、市民の幸福度や暮らし満足度のような視点も踏まえ、検討していくことが必要と考えています。

「地域自治システム」による共働のまちづくり

　地域自治システムとは、地域の意見を市政に反映するとともに、地域の課題を地域が自ら考え解決するための都市内分権の仕組みです。合併を契機に、各地域の個性や特色を活かした地域住民による主体的なまちづくりを実現するため、住民が直接的に地域課題を解決する自治の仕組みが必要であったことが、システムの構築に至った背景にあります。

　具体的な取り組みとして、地域づくりの担い手の育成に向け、地域団体等による地域資源を活用した文化、郷土芸能の振興や生活環境の改善などの活動に対し補助金を交付する「わくわく事業」と、地域の意見を市の施策・事業に反映し、防犯や交通安全など、地域課題を効果的に解決する「地域予算提案事業」を展開し、住民と行政との共働により、農山村部から都市部まで多種多様な地域の特性を活かしたまちづくりを進めています。

　平成二六年度には、平成の合併から一〇年目を迎えることから、この節目の年に、合併以降進めてきた地域自治システムをはじめ、公共交通、森づくりの施策など当市の特徴的な取り組みを検証するとともに、将来の新たなまちづくりを展望し、市内外に積極的に情報発信していきたいと考えています。

愛知県　安城市《あんじょうし》

市民とともに育む環境首都・安城

市長……神谷　学（かみや　がく）
面積……八六・〇一平方キロメートル
人口……一八万三七六五人（平成二六年一月一日現在）

市民とともに育む環境首都・安城

安城市は、昭和二七年五月五日に市制を施行し、県下一三番目の市として誕生しました。明治用水の豊かな水にはぐくまれ「日本デンマーク」と呼ばれるほど農業先進都市として発展してきましたが、中部経済圏の中心である名古屋市から三〇キロメートルという近い距離や、豊田市などの内陸工業都市や碧南市などの衣浦臨海工業都市に隣接するという地理的条件にも恵まれ、自動車関連企業をはじめとする大企業の進出、住宅団地の建設が盛んになり、急速に都市化が進んできました。

また、工場や住宅が多くできたことによって商業も盛んになり、市制施行時三万七七〇四人であった人口は、今では一八万人を上回るほどに成長し、農・工・商業のバランスのとれたまちとなっています。

当市は現在、目指す都市像を「市民とともに育む環境首都・安城」とし、環境首都の実現に向けて、市民の皆様と協働で、三つの主要プロジェクトを推進しています。

「プロジェクト1　環境実践活動を進める人づくり」として、環境教育・学習の場・機会を提供して、環境アドバイザーの育成を図り、生ごみの堆肥化・減量化支援などエコライフの実践を促進しています。

「プロジェクト2　水環境の再生と杜づくり」として、市内を流れる明治用水緑道の整備や、市民との協働による公園整備などを行っています。

「プロジェクト3　健康的で環境にやさしい交通環境づくり」として、自転車ネットワーク整備事業や、エコサイクルシティ協働推進事業などを実施しています。

当市の進める環境に対する取り組みは、市民の幸福につながる深い相関関係があると考えています。

そのことを示す指標の一つにイギリスのシンクタンクの提唱する「地球幸福度指標」があります。この指標は、生活満足度と平均余命から算出する「幸福に生きられる年数」、これを環境に対する負荷で割ることでその幸福度を算出しており、この指標の特徴は、単に一人の人間が幸せに生きられればよいということではなく、環境に与える影響は人の幸福にとって無関係ではないことを示しています。

こういった指標が示すように、当市の行う環境に対するさまざまな取り組みは、将来における市民の幸福につながっていくものになると考えています。

「願いごと、日本一。」の七夕まつりへ

市民の幸福につなげる取り組みの一つとして、当市の夏の夜に夢とロマンを呼ぶ祭典「安城七夕まつり」があります。昭和二九年の開催以来、毎年八月上旬の三日間盛大に行われています。大きなくす玉、七色の吹き流し、趣向を凝らした仕掛け物に彩られた街は、瞬く間に感動的な世界に変わります。

現在は、「見る七夕まつりから参加する七夕まつり」に、また、願いごとに焦点を当てた「願いごと、日本一。」の七夕まつりへと変革を遂げようとしています。

当市が目指す都市像「市民とともに育む環境首都・安城」にふさわしいまつりとなるよう、吹き流しや竹飾りを環境に配慮するよう心がけるとともに、市民参加が発展するよう、「team LOVE TANABATA」を中心としたボランティアの方々のご協力をいただき、市民総参加のおまつりを推進しています。

安城七夕まつり

また、竹飾りのストリートが日本一長いと言われ、同様に短冊の数、願いごとに関するイベントの数も日本一であると思われるこの安城七夕まつりが「願いごと、日本一。」の七夕まつりとなるよう、約六〇〇〇個の環境にやさしい自然素材の風船に願いを込め空に放つ「願いごとふうせん」や、市内の幼稚園、保育園、小学校の子どもたちの「願い」が詰まった短冊を約四〇メートルにわたって飾る「短冊ロード」など、願いごとに関するさまざまな取り組みを行なっています。

「ごんぎつね」で知られる童話作家・新美南吉が、ここ安城市で童話作家になる夢（願いごと）をかなえたように、市民の願いごとがかなう幸福なまちづくりを目指します。

愛知県　高浜市《たかはまし》

私たちの愛するまちを未来へとつなげていくために

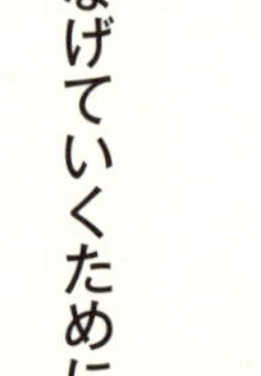

市長……吉岡　初浩（よしおか　はつひろ）
面積……一三・〇二平方キロメートル
人口……四万六一六七人（平成二六年一月一日現在）

「思いやり　支え合い　手と手をつなぐ　大家族たかはま」―目指す将来都市像

高浜市は、江戸時代から窯業のまちとして栄え、特に「三州瓦」のブランドで知られる屋根瓦に関しては、当市を含むこの地域で全国シェアの約七割を占めています。

特産品としては、瓦・鶏卵・陶器・人形などがあり、郷土料理「とりめし」は、平成二五年一一月に開催されたB－1グランプリin豊川で八位に入賞するなど、地域の自慢を通じた、人・地域の「輪」づくりも活発に行われています。

また、瓦をテーマとした日本唯一の美術館である「かわら美術館」、美しい日本の歩きたくなるみち五〇〇選にも選ばれた「鬼のみち」や雅やかな細工人形が常時展示されている「人形小路」なども自慢であり、魅力となっています。

「こんなまちになったらいいな！」「こんなまちにしていきたい！」をかなえるために

（1）まちづくり協議会―地域内分権の推進

市民の皆様の想いを反映したまちづくりを行うためには、市政運営に参画できる機会を増やしていくだけでなく、身近な課題はできるだけ市民の皆様に近い所で主体的に考え、解決するといった、地域の個性や創意工夫を生かしたまちづくりを展開できるようにしていくことが大切です。

そこで、当市では、地域に暮らす市民の皆様の「やりたい！」「こうしたい！」を実現するために、各小学校区の町内会や各種団体、住民が連携してまちづくりを進める住民自治組織「まちづくり協議会」を設立し、必要な権限や財源を移譲して、地域の実情

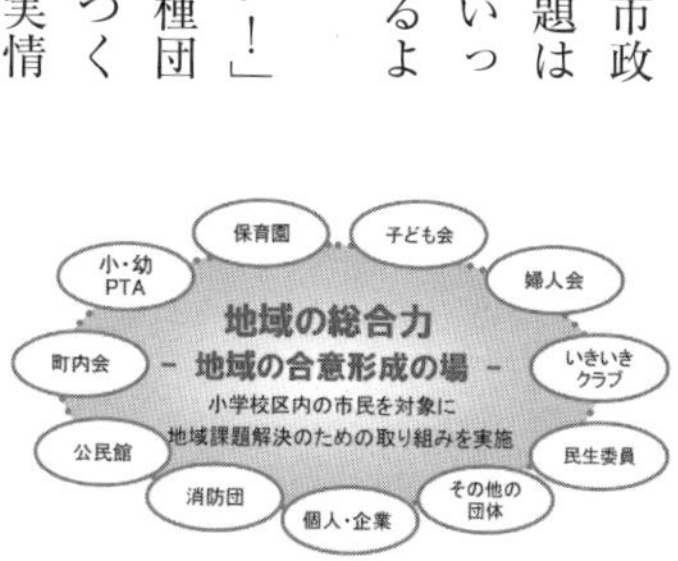

まちづくり協議会のイメージ図

にあった多様な取り組みを支援しています。

市内五小学校にあるまちづくり協議会では、地域の特色を生かしながら、防犯パトロールや公園の維持管理、防災活動など、従来は行政が行っていた事業をはじめとし、地域の伝統文化や地域資源を生かした世代間交流・地域の魅力向上への活動、コミュニティビジネスの調査研究や認知症対策など個性豊かな取り組みが行われています。

（2）市民予算枠制度―地域の想いを実現

地域の「いいところ」（長所・魅力）や「心配なところ」（課題・問題）を一番よく知っているのは、その地域に暮らす市民の皆様です。

そこで、当市では、市民の皆様からお預かりした税金を、地域でより有効に役立てていただくため、それぞれの地域の特徴を踏まえ、市民目線のアイデアを生かして、地域にとって一番ふさわしい方法で課題を解決したり、地域の魅力を磨いていくことで、住んでよかったと思える高浜市、人もまちも元気があふれる高浜市をみんなで力を合わせて築いてくことができるように、個人市民税の五パーセントを「市民予算枠」とし、市民が地域のために活用できる仕組みを作りました。

「市民予算枠」を活用し、市民の皆様が自主的・主体的に地域の課題解決や魅力の向上に取り組むことで、地域に対する「愛着・誇り」や「地域の総合力」が育まれ、活動を通じて、人と人とのつながりや地域の交流の輪が広がっていきます。

高浜とりめし
郷土料理「とりめし」によるまちづくり

子ども菊人形への花付け
まちづくり協議会による地域の伝統文化を通したまちづくりの取り組み

高浜の防災を考える市民の会
市民予算枠を活用した子ども防災リーダーの養成

「これからも住み続けたい！」と思える「大家族たかはま」を目指して

大家族たかはま。高浜市は「自分たちの家」、市民は「家族」。自分たちの家「高浜市」のためにできること。高浜市を未来へとつなげていくために「自分たちのまちは、こうあってほしい」という想いを、一人ひとりが持ち、「私のまち『高浜市』は……」と「一人称で語れるまち」。大家族のような思いやりと絆、「住んでいてよかった」と、高浜市に暮らす日常の「心地よさ」を実感できるまちを目指しています。

愛知県　長久手市《ながくてし》

「日本一の福祉のまち」を目指して

市長……吉田　一平（よしだ　いっぺい）
面積……二一・五四平方キロメートル
人口……五万二七六一人（平成二六年一月一日現在）

古戦場と万博の地

　長久手市は、名古屋市東部に隣接する東西約八キロメートル、南北約四キロメートルのコンパクトなまちで、市の西部は住宅地や商業施設などが立地して都市化が進む一方、東部は今なお自然が多く残り、丘陵や田園を併せ持っています。また平均年齢三七・七歳は全国で最も若く（平成二二年国勢調査）、市内に四つの大学が立地する学園都市でもあります。この長久手の地は、古くは戦国時代の天正一二（一五八四）年に徳川・羽柴（後の豊臣）両軍が対決した「小牧・長久手の戦い」の舞台として、また平成一七（二〇〇五）年には愛・地球博でメイン会場の地となりました。

一人ひとりに「たつせがある」まちづくり

当市では、「幸福度の高いまち＝日本一の福祉のまち」を目標にまちづくりを展開しています。これは、単に施設が日本一とか特定のサービスの日本一を目指すものではなく、「誰もが地域で役割を担い、活躍し、生きがいを持って楽しく過ごすことができる『たつせがある』まちづくり」を目指すことを意味し、この目標の実現に向けて市民主導型の取り組みを進めています。（「たつせがある」とは、「立つ瀬がない」の対義語で当市の造語です。）

そこでまず着手したのが職員の意識改革です。職員自ら現場に行って課題を見つけ、先進地を視察して提案する力を身に付けることを推奨し、笑顔で挨拶を徹底するなど、意識改革に向けてさまざまな勉強会や研修を重ねています。

市民主導型のプロジェクトも進めています。自主防災組織づくり「MJM」（M＝まちはJ＝自分で　M＝守る）を自治会と消防団OBを中心とする二つの会議体で構成し、これまで市が主催してきた防災訓練を市民主導型に切り替え、従来の一か所から全六小学校区での同時開催としました。また、地域の人が気軽に集い、語らい、地域のさまざまな課題に対する取り組みを行うための地域活動の拠点施設「地域共生ステーション」を全六小学校区に整備することを目指しており、平成二五年一一月に最初のステーションがオープンし、地域住民の集いの場となっています。

市民目線で測る「ながくて幸せのモノサシづくり」

こうした市民主導型への転換を進めていく中で、市では、市民と共有できる尺度が必要ではないかと考えました。その尺度は市民とともにつくり、市民一人ひとりの生活や地域社会の豊かさを測り、暮らしの中にあるさまざまな課題を見つけ、市民と職員が協働で解決していく新しい仕組みづくりに資するものと考えています。

このため、現在、市民目線で測る「ながくて幸せのモノサシづくり」に取り組んでいます。まずは、市民意識調査で幸せ感に関する基本的な調査を行い、さらに市民と職員による「ながくて幸せ実感調査隊」を結成し、市民へのインタビューやミーティングを重ね、市民の生活実感や行動、地域の状態などを把握するためのアンケート調査を実施しました。

いつか下りていく時代に備えて

職員は、これらの取り組みを通じて、何をどのように市民と一緒に進めればよいのか、まさに「生みの苦しみ」を味わっていますが、市民とともに長久手の新たな物語をつくる「生み出せる喜び」だとも考えています。いまだ人口増加が著しい当市においても、いずれは訪れる、人口が減少する「下りていく時代」に備えて、自分たちで動ける力を身につけるため、これからもこうした取り組みを進めていきます。

ながくて幸せ実感調査隊

有志の市民と若手職員約20人が、幸せを左右する要素を検討し、市民へのインタビューの実施や、アンケート調査の質問内容を協議しました。

地域講演会　ながくて幸せのモノサシ―みんなでつくる、みんなの幸せ

関西大学教授の草郷孝好氏を講師に、国内外の事例を交えて、なぜ「幸せ」が注目されているかについて考え、市民と職員が「幸せ」に向けたアイデアを話し合いました。

愛知県　武豊町《たけとよちょう》

心つなぎ　みんな輝くまち　武豊

町長……籾山　芳輝（もみやま　よしてる）
面積……二五・八二平方キロメートル
人口……四万二七九七人（平成二六年一月一日現在）

伝統醸造みそ・たまり　浦島伝説の残るまち

武豊町は、愛知県の南方にある知多半島の東側中央部に位置し、人口四万二七九七人、面積は二五・八二平方キロメートルです。鉄道と港に古い歴史があります。JR武豊線は明治一九（一八八六）年に開通した日本でも歴史ある鉄道です。明治三二（一八九九）年に開港された武豊港は、昭和三二年に衣浦港と呼ばれる大きな港となり、知多・西三河地域のものづくりを支えてきました。このような歴史的背景もあり、現在では臨海部をはじめとして、数多くの事業所が集積する工業のまちとなっています。一方で、鉄道と港の繁栄がもたらした、みそ・たまりの醸造業は、今も伝統的な地場産業として残り、みそ蔵が集まる黒壁の町並みは趣が感じられる場所となっています。

また、沿岸部には、浦島橋や竜宮神社などの浦島太郎伝説にゆかりを持つ史跡が点在し、散策路としても整備されています。そして、町民の暮らしの中で受け継がれてきた各地区の山車まつりなど、歴史風土に培われた文化もこの町の特徴です。平成二六年度は、町制六〇周年を迎えます。町内のすべての山車が一堂に揃う「ふれあい山車まつり」など、多数の記念事業を開催する予定ですので、ぜひ一度、足をお運びください。

臨海部を望む町並み

黒壁の町並み

武豊ふれあい山車まつり
(写真は平成 21 年度)

竜宮神社

町キャラクターマーク

幸福度実感の向上へ向けて

当町では、平成二〇年七月に、平成二〇～三二（二〇〇八～二〇二〇）年を実施期間とする第5次武豊町総合計画（ゆめたろうプラン）を策定し、目指すべきまちの将来像を「心つなぎ　みんな輝くまち　武豊」として、その実現に向けて施策を実施しています。

平成二五年九月には、これから中間年を迎える総合計画の見直しを実施するに当たり、これまでの町政への評価・計画の進行管理を行うとともに、町民の日常生活における満足度や幸福度を把握するための町民意識調査を実施しました。幸福実感を得る要因は個人の価値観や社会情勢などの変化によっても左右され、把握することは非常に困難ですが、町民の幸福実感の向上こそが行政運営の最大の目標であると認識し、今後も町民の生活実態や意見、幸福に対する考え方などを反映した町政運営を目指してまいります。

憩いのサロン事業

高齢者の身近な健康づくりの場として、町内一〇か所で「憩いのサロン」が運営されています。「憩いのサロン」は、高齢化の進む中でも、できるだけ介護が必要な状態にならないようにする目的で、平成一九年度に開始しました。おおむね六五歳以上で、身の回りのことがご自分でできる方であればどなたでも参加でき、各会場では、お茶会や囲碁・将棋、脳トレ、健康体操など、それぞれに特色ある催しを用意しています。

このサロンは「住民が主役」をモットーとしており、実施頻度から企画運営まで、すべて住民ボランティアが主体で行っています。行政は、立ち上げ一年間は全面的に介入し、その後は人材育成と資金面でお手伝いしています。年々参加者も運営ボランティアも増え続け、平成二四年度には延べ九四四〇人の方々がサロンを利用されました（前年比一三五六人増）。

また、日本福祉大学や星城大学の協力で、参加者やボランティアに「お元気チェック」という効果測定を定期的に行い、サロンに参加することで心身ともに元気になっているという結果も出ています。

協働のまちづくり連続講座「はじめの一歩」

普段同じ立場で物事を考える機会が少ない町民と職員が、同じテーブルを囲み、協働についてのはじめの一歩を学ぶ全八回の連続講座を平成二五年九月から実施しています。

憩いのサロン下門会場

憩いのサロン中山会場

三重県　松阪市《まつさかし》

「市民みんなで幸せを実感できるまち」を目指して

市長……山中　光茂（やまなか　みつしげ）
面積……六二三・七七平方キロメートル
人口……一六万九四四四人（平成二六年一月一日現在）

「食べて・見て・学ぶ」―食と歴史・文化が実感できるまち

（1）ブランド

「松阪」といえば、やはり世界のブランド「松阪牛」。きめ細かい肉質と霜降りの美しいその姿は、まさに肉の芸術品。全国・世界から賞賛されています。

そして、土の香りをいっぱい含んだ正藍染の糸をベースに豊富なシマ

松阪木綿

のバリエーションを誇る「松阪木綿」。かつては粋好みの江戸庶民のファッションで、洗うほど内からわいてくる藍の青さにも似た、深い物語性を秘めています。

（2）偉人

「松坂城」を築いた戦国武将の蒲生氏郷《がもううじさと》。豊臣秀吉より一二万石を与えられました。郷里である滋賀県日野町などから商人を招き、商業による町の繁栄に意を注ぎ、後の商都松阪の礎を築きました。

江戸中期の国学者・本居宣長は、三五年の歳月をかけて「古事記伝」を執筆しました。もののあわれに代表される繊細で素直な感情に日本人の心を見出しました。

三井高利は、江戸本町で呉服店の越後屋を営み、三井グループの創始者です。現在も「三井高利」の生家跡は大切に保存されています。

松阪市における特色ある施策

（1）松阪市民の声を聴きみんなで一緒に考える「シンポジウムシステム」の実践

「市民みんなで幸せを実感できるまち」を将来像とする、市の総合計画「市民みんなの道《みち》標《しるべ》―未来につなげるまちづくり計画―」に基づき市政運営を行っています。当市では、市政運営の原点として「市民の市政参画」を促すため、「市民の声」を具体的に反映させる行政システムである「シンポジウムシステム」を構築し実践しています。このシステムは、行政が決定したことを市民に説明する従来型の説明会ではなく、当面する課題や新しい市政の方向性に関わる案件について行政が方向性を決定する前に「意見聴取会」や「シンポジウム」を開催し、多くの方々から多様な声を聴かせていただいた後、その声を段階的なオープンな場での整理を重ねた結果として行政としての「覚悟ある決断」を行っています。

また、地域の「声と力」を生かす市政のあり方を徹底するために、おおむね小学校区単位に「住民協議会」を市内全地域で設立し地域の問題に対して地域の住民に強い「役割と責任」を持っていただき、「地域の将来像」を地域住民みんなで考えて一緒に行動し、汗を流して努力をしている地域に対して「活動交付金」を加算するメニューを創設しました。行政もともに汗を流すために、職員の有志による「地域応援隊」を結成するなど、行政も市民と一緒に汗を流す協働のまちづくりを推し進めています。

（2）「市民みんなで幸せを実感できるまち」を目指して

①市民幸せ調査

平成二六年度を初年度とする総合計画を策定するに当たり、平成二四年度に実施した「市民幸せ調査」（市民三〇〇〇人対象。無作為抽出）では、これまで行ってきた「市民意識調査」を「市民幸せ調査」として改称するとともに、質問事項についても市の将来像である「市民みんなで幸せを実感できるまち」のキーワードとなる「幸せ」に焦点をあてた内容を新たに取り入れて実施をしました。その調査結果を見てみると、約七五パーセントの方が「とても幸せ」、「どちらかといえば幸せ」と感じていることがわかりました。

②幸せシティサポーターによる「まちづくり目標」の検討

当市のより良い未来を築いていくために望ましいまちづくりの方法や市民と市がともに目指すべき目標を一緒に考えるため、公募市民二四人で構成する「幸せシティサポーター会議」を平成二四年一二月に設置し、市民目線による「まちづくり目標」（例「ごみが落ちていないまち」など）について熱心に検討を行いました。サポーター会議で話し合った内容についてさらに広く市民の方からも意見を聴くため、「幸せシティサポーターシンポジウム」を開催し、そこでいただいた意見を参考にしながら報告書としてとりまとめて平成二五年八月二日に市長に提出しました。当市では、このように総合計画の策定における過程から計画の実行・評価まで、市民と行政が一緒になって「市民みんなで」魅力ある松阪を創りあげ、「市民みんなで」幸せを実感できるまちづくりに引き続き取り組んでいきます。

三重県　亀山市《かめやまし》

「小さくともキラリと輝くまち・亀山」へ挑戦！

市長……櫻井 義之（さくらい　よしゆき）
面積……一九〇・九一平方キロメートル
人口……五万六三三人（平成二六年一月一日現在）

輝くクオリティ・オブ・ライフ

亀山市は、三重県の北中部、名古屋から約五〇キロメートル、大阪から約一〇〇キロメートルに位置し、我が国の東西の結節点であり、古くから交通の要衝として発展してきました。近年は新名神高速道路の開通による交通拠点性の高まりなどを背景に、「亀山モデル」で名を馳せた液晶産業の集積をはじめ、多様なものづくり企業が立地する内陸工業都市の性格を持っています。

一方、鈴鹿山系や鈴鹿川に代表される豊かな自然環境に恵まれ、歴史が織りなす佇まいを残した城下町・宿場町としての顔があります。市内に東海道五十三次の三つの宿場を有し、なかでも東海道で唯一国の「重要伝統的建造物群保存地区」に選定されている「関宿」は、今なお往時の面影を偲ぶことができます。

また、市民の暮らしの質（クオリティ・オブ・ライフ）を決定付ける重要な要素の一つを「健康」と捉え、WHO（世界保健機関）が提唱する「健康都市」の考え方に賛同し、平成二二年七月の「WHO健康都市連合」への加盟以来、世界標準の健康都市づくりに挑戦しています。

これら、まちを形づくる多彩な要素が上手く結びつく高い結晶性により、輝く「クオリティ・オブ・ライフ」を実現し、市民一人ひとりの愛着と幸福実感の向上へとつながる、「小さくともキラリと輝くまち・亀山」を目指しています。

名阪亀山・関工業団地

歴史的風致のまちづくり

当市では、都市政策を進めるうえで、歴史文化遺産を活かしたまちづくりを重視しており、平成二一年一月、市域を貫く東海道沿道一九・五キロメートル、約五〇〇ヘクタールを重点区域に設定した「亀山市歴史的風致維持向上計画」を策定し、全国初の歴史まちづくり法による認定を受けました。この計画は、日本の東西文化が交わり独自の街道文化を育んできた東海道三宿が有する歴史・文化的資源をハード&ソフト両面から磨き上げ、将来世代への継承を図ろうとするものです。

東海道関宿のまちなみ

現在は、関宿の伝統的建造物などの修理修景事業、亀山城多門櫓の平成の大修理、坂下宿での地域の伝統的な鈴鹿馬子唄の保存など、さまざまな事業を展開しています。

先導的な子ども総合センター

次世代の健やかな成長を育み、子どもを産み育てることに大きな喜びや価値を感じることのできる地域社会の実現は、当市の最重点の政策課題であり、きめ細かい教育の実践に向けた市独自の少人数教育、厚みのある特別支援教育や、子育て世代の経済的負担の軽減を図る中学校卒業までの医療費無料化など、三重県下を先導する教育・次世代育成支援策を推進してきました。なかでも、相談や支援を要する子どもやその保護者に対し、児童福祉部門と教育部門との連携により相談・支援体制の充実を図ることで、とぎれのない子ども支援を一元的に推進する「子ども総合センター」の開設は、全国的にも注目いただく大きな転換点でありました。

また、「家族の時間づくりプロジェクト」は、市内すべての幼稚園・小中学校をゴールデンウィーク期間中の平日の一日を休校として連続休暇を拡大し、家族で過ごす時間の拡大を図ることにより、親子の絆やワークライフバランスを見直す機会の提供を行っています。

まちづくりの「亀山モデル」

これらの取り組みをはじめ、環境・産業・コミュニティなど他の政策領域と統合した持続可能なまちづくりの「亀山モデル」は、いまだ道半ば。しかし、当市は地域社会を構成する五万市民とともに学び、協働を積み重ねることが、必ずや「小さくともキラリと輝くまち」の実現につながると確信し、怯むことなき挑戦を続けていきます。

滋賀県　草津市《くさつし》

市民が幸せを実感できるまちづくりを目指して

市長……橋川　渉（はしかわ　わたる）
面積……六七・九二平方キロメートル
人口……一二万七四三一人（平成二六年一月一日現在）

交通の要衝草津市

近江盆地の最南端、琵琶湖の南東に位置している当市は、江戸時代には東海道と中山道が分岐・合流する宿場町として繁栄しました。現在は、電機など機械系企業が集積する県内有数の工業都市で、湖南地域の商工業・経済・交通の拠点となっています。また近年、京阪神圏へのアクセスが整った生活の利便性が高いまちとして人口が増加しており、基本構想では平成三二年まで人口が増え続け、一三万五〇〇〇人に達すると推計しています。

協働のまちづくり

（1）自治体基本条例

当市は、市民の信託を受けた、まちづくりに応える地方政府としての市の役割を明らかにし、市政運営の基本原則としくみを規定した、最も基本となる「自治体基本条例」を平成二〇年度から検討を進め、さまざまな議論を経て、平成二四年四月一日から施行しました。この自治体基本条例に規定された「住民投票条例」、「市民参加条例」、「市政情報の管理に関する条例」を平成二五年三月三一日から施行し、さらに、市内一三小学校区に「まちづくり協議会」を設置し、自治体基本条例に定める「協働のまちづくり」を進めています。

（2）総合計画

当市では、総合計画を自治体基本条例に位置付けて策定し、計画的な行政運営を行っています。現行の第五次総合計画は、基本構想の計画期間を平成二二～三二年度とし、この基本構想に基づく基本計画を市長の任期と整合させ、第一期を平成二二～二四年度、第二期を平成二五～二八年度、第三期を平成二九～三二年度の三期に分けています。

平成二五年度からの第二期基本計画では、三つの重点方針として、①草津川跡地の空間整備、②中心市街地の活性化、③コミュニティ活動の推進を掲げて取り組んでいます。

（3）「幸せ」に関する取り組み

平成二四年度に、自治体内シンクタンクである草津未来研究所において、「幸福度研究に関する調査研究」を行いました。これは、施策の成果を測定するための指標に「幸福度」に使用されている指標を活用できないかとの考えから行ったものです。その結果、幸福度指標は、総合計画全体の成果について、市民の幸福度の変化をみるためのものであり、施策の達成度を評価する指標と幸福度指標は別々に体系化する必要があることがわかりました。

さらに、この調査研究でわかったことは、人の主観的幸福（subjective well-being）に影響を与える要因（項目）は、一一～一二項目に整理できるということでした。（荒川区自治総合研究所は一三の海外事例を参考に「生活水準」「環境」「文化活動」「余暇・時間」「健康」「仕事」「安心・安全」「自治」「教育・訓練」「コミュニティ」「経済」「主観的幸福」の一二項目に[*1]、諸富徹ほかは一三の海外事例を参考に「関与・ガバナンス・参加」「教育・研究・訓練・文化」「環境」「体と心の健康」「レジャー・時間の過ごし方」「住居」「収入と富」「仕事と雇用」「安全」「社会的なつながり」「主観的な幸福」の一一項目に分類している。[*2]）

人の主観的幸福に影響を与える要因（項目）の中に「教育」がありますが、草津市は教育は現在と将来の幸福をつくり出す大きな要素であると考え、教育予算を充実し、多くの独自の施策を実施しています。小学校の全学年で三五人学級を実現し、全小中学校のすべての教室に電子黒板の導入、エアコンの設置を進めてきました。また、「読書大好き草津の子ども推進事業」として、小中学校に学校司書を配置するとともに、「漢字検定」「計算検定」「英語検定」にも取り組んでいます。さらに、「子どもの思考力育成事業」や「タブレットパソコンのモデル導入」などの新たな取り組みも実施しています。今後も教育の充実を通じて、市民が幸せを実感できるまちの実現に向けて取り組んでまいります。

＊1　公益財団法人荒川区自治総合研究所『荒川区民総幸福度（ＧＡＨ）に関する研究プロジェクト中間報告書』、二〇一一年

＊2　諸富徹・柳下正治・山下潤・林岳・佐々木健吾・鈴木政史・本多功一・西口由紀『持続可能な発展のための新しい社会経済システムの検討と、それを示す指標群の開発に関する研究』、環境省、二〇一二年

滋賀県　守山市《もりやまし》
住みやすさと活力で新しい未来を創造

市長……宮本　和宏（みやもと　かずひろ）
面積……五五・七三平方キロメートル
人口……八万二二二人（平成二六年一月一日現在）

田園都市　守山

守山市は、駅前周辺の市街地でゲンジボタルが乱舞する美しい水環境、田園地帯に代表される豊かな自然環境、そして琵琶湖や比良・比叡の山並みを望む素晴らしい景観をもつのどかな「田園都市」です。

全国的な人口減少社会の中、若い世代を中心に毎年一〇〇〇人程度人口が増えており、医療機関や教育機関の充実、京阪神への利便性の高さなど多くの要素が人を惹きつけています。また、人と人との絆が強く、地域のお祭りや自治会活動が活発で、伝統文化もしっかりと継承されていることも当市の大きな魅力です。都市と自然が調和した住みやすいまちとして発展しています。

「地域を良くしたい」、「まちづくりに取り組みたい」と考え行動される一人ひとりの市民の方々こそ、当市の最大の財産です。対話を大切にした開かれた市政を推し進め、知恵と力をまちづくりに集約し、市民の皆様とともに「住みやすさ」と「活力」の二つを兼ね備えた「住みやすさ日本一」が実感できるまちづくりを進めています。

守山市中心市街地活性化
交流プラザ
「あまが池プラザ」

The Garden City つなぐ、守山

守山の「良いところ」を
積極的にアピールするための
ロゴデザイン

比良山を背景にした
守山の菜の花

守山まるごと活性化の展開

当市では、「住みやすさ日本一のまち守山」の実現を目指し、市域全体で、自然や歴史等の地域資源や人的資源等を活かした活性化と魅力向上を図ることにより、一層の「誇り」と「愛着」の持てるまちづくりを推進するとともに、市内各地域の住民同士の絆をさらに強化すること、すなわち「守山まるごと活性化」に取り組んでいます。

平成二五年度は、その前提となるプラン（守山まるごと活性化プラン）を策定しています。市民の皆様の話し合いによって導き出された具体の取り組みをとりまとめ、当市における重要なプランとして位置付けます。また、その実現についても地域と行政が連携して行うこととし、プランに位置付けた事業は、市の総合計画の実施計画などとの整合を図る中、順次事業化を図ります。

現在、市内にある七つの学区では、それぞれの地域の学区長が座長となり、学区内の各自治会から選出された約三〇名の住民による話し合いが進められています。話し合いには、自治会の役員以外にも、学生・市職員・子育て中の女性など幅広い層からの参加があ

プラン策定にかかる
市民同士の話し合い

り、さまざまな視点から意見が出されています。

　自分たちが住んでいる地域の魅力や活用できそうな資源を掘り起こすとともに、地域の課題やまちの活性化の方向性などについても話し合いながら、自分たちが住むまちを活性化する具体的な方策について検討を進めていただいております。

　また、話し合いを通して当市の魅力を新発見・再認識するきっかけにもなっています。話し合いでは、「地域コミュニティの活力の維持をどのようにするべきかを考えよう」、「将来予測されている人口減少や高齢化によっておこる不安をどのよう解消できるか知恵を出し合おう」、「魅力ある自然や風景を何とかして残さなければいけない」などの意見も出されています。

　この取り組みは、プランを策定して終わりではなく、作成後も継続して地域の皆様が関わるような、将来に渡る基礎をつくる大切な取り組みだと考えています。

　さまざまな価値観やニーズがある中、「自分たちのまちについて見つめ直し、話し合い、お互いに協力し合いながらまちの魅力を高めていく」、このことこそが、住みやすさを追求する一歩です。

京都府　京丹後市《きょうたんごし》

新・丹後王国の創造を目指して

市長……中山　泰（なかやま　やすし）
面積……五〇一・八四平方キロメートル
人口……五万九二六一人（平成二六年一月一日現在）

京丹後市とは

京丹後市は近畿最北端に位置し、当市全域から鳥取市にかけたエリアは、山陰海岸ジオパークとして、「世界ジオパーク」に認定され、「日本一の砂浜海岸づくり」を進めています。古代より大陸との交易が活発で、当市には、日本の稲作発祥の伝説や羽衣天女伝説、浦島伝説、日本最古級の製鉄、ガラス玉工場跡などが残されています。当市は、我が国の国づくり草創期の多くの伝説・伝承に恵まれ、「古代丹後王国」があったとされる、日本のふるさとの一つです。

このほか、最高品質のお米や京野菜、果樹はじめ農産物、カニ、カキ、海産物、一一六歳世界最長寿の故・木村翁に象徴される百歳健康長寿など、当市は、新時代に求められる環境、健康、癒しなどの魅力的な価値、恵みをふんだんに有しています。当市は、新しい時代の新たな価値を豊かに育み、さまざまな分野で住民みんなで環をつくる、力を合わせる和のまちづくりを広げ進めますとともに、内外の多くの地域と交流する「新・丹後王国」の創造を目指します。

「幸福のまちづくり」はじめの一歩—幸福指標作成と「条例づくり」に向け

価値観が多様化する中、善きもの、喜ばしきものとして、時代の変遷を問わず普遍的、絶対的な価値である「幸福」。「幸福」を真正面に据えてまちづくりの中心軸とし、市民総幸福の増進と発展、最大化を目指していくため、内閣府研究会の座長を務められた大阪大学山内教授をはじめ学識者、各種団体と行政による「幸福のまちづくり研究会」を平成二四年に設置し、幸福のまちづくりの研究に着手をしました。今後、京丹後型の幸福指標の策定とともに、「住民総幸福のまちづくり条例」づくりを本格的に推進していきます。

「誰も置き去りにしないまちづくり」の着実な推進

（1）寄り添い支援総合サポートセンター

お一人おひとりの住民にとって、どんな環境に直面しても社会生活の中でその人なりに踏ん張りきれる、立ち上がるのをしっかり支援できる、市民総幸福を支える社会の土俵をつくっていかねばなりません。このため、当市として、平成二三年度から国のモデル事業をいただき、現在、「寄り添い支援総合サポートセンター」に発展させ、生活や就労の問題に直面される住民に「対峙して相談を受けるのではなく、同じ側に寄り添って問題をともに考えていく支援」を進めています。

（2）自殺のない社会づくり市区町村会―いのち支える真心あふれる社会づくりの会

「自殺対策は『人の命を守る福祉』であり、福祉や行政の出発点、幸福への尊い原点につながるもの。命が一番大切にされ、ますます尊ばれる社会づくりをしていこう」と、現在全国の二五〇以上の自治体の仲間とともに活動を進め、総合的なセーフティネットづくりも視野に入れ、情報交換、相互研鑽を推進しています。

「利他とその喜びを大切にするまち」へのますますのチャレンジ

平成二五年に「幸せ度市民アンケート調査」（約一三〇〇人から回答）を行い、特に「他人の喜ぶこと、他人の役に立ちたい」と思う人が回答の七八パーセントを占めていること、そんな利他の思いと幸福度は高い相関があることがわかりました。

「利他の幸福」は、他人にも自分にも倍返しで幸福が広がりゆく、大きく力強いエンジンです。「利他とその喜びを大切にするまち」を京丹後の大きく尊いまちの魅力として、今後とも市民の皆様、内外の皆様とともに、大切に育んで行きたいと思います。

このほか、「喜ぼう！　感謝しよう！　高齢化社会」をテーマに「百歳バンザイ!!　市区町村連絡協議会」の活動を進め、人のご長寿をとことん尊び、高齢化社会の抜本的な活性化を目指す取り組みや、「市民総幸福を真に増進させるまちづくりを目指すなら、もっぱら自分たちの地域だけが幸せになっても真の幸福は得られない。目に見えないところでさまざまにつながっている他の多くの地域社会・住民の幸せにも同時に貢献していく姿勢と取り組みが大事」として「他地域への貢献と交流」を大切に掲げ、さまざまな取り組み（平成二五年度中東国際交流事業など）にチャレンジしています。

兵庫県　川西市《かわにしし》

「かわにし　幸せ　ものがたり」のはじまり

市長……大塩　民生（おおしお　たみお）
面積……五三・四四平方キロメートル
人口……一六万九二二三人（平成二六年一月一日現在）

「清和源氏」発祥の地　かわにし

川西市には、弥生時代の暮らしを物語る加茂遺跡や栄根遺跡など数多くの名所・旧跡が点在し、中でも市の中部に位置する多田地区は、清和源氏の祖である源満仲が多田神社を建立し、ここを本拠に有力な武士団の基礎を築いたことから「清和源氏発祥の地」として知られています。

また、満仲の子・頼光の家来である四天王の一人に、坂田金時（幼名　金太郎）という人物がいたとされており、そのお墓が当市の満願寺と小童寺にあることから、金太郎を市と縁のあるマスコットキャラクター「きんたくん」として、市のＰＲに努めています。

他にも、市北部は自然景観に恵まれ、ダム湖百選にも選ばれた一庫ダム（知明湖）周辺地域には、県立一庫公園や知明湖キャンプ場、黒川ダリヤ園などが整備され、特に黒川地区は、生きた里山が現在も残っていることから「日本一の里山」と称され、行楽シーズンには市内外からの多くの観光客でにぎわいます。

特産品は、一庫炭（菊炭）、いちじく、桃、川西の朝露（いちじくワイン）などがあり、特にいちじくは、都市部近郊の産地として、ブランド化されています。

イベントは、川西源氏まつり（春）、猪名川花火大会（夏）、川西まつり（秋）、川西一庫ダム周遊マラソン大会（冬）などがあり、四季折々のイベントを通して、当市の魅力を多くの方に感じていただくとともに、積極的に発信しています。

マスコットキャラクター
きんたくん

みんなで探す幸せの旅

当市では、平成二五年度からスタートしている第五次川西市総合計画の名称を「かわにし　幸せ　ものがたり」とし、平成二五年度から平成三四年度までの一〇年間の目指す都市像を「であい　ふれあい　ささえあい　輝きつなぐまち」としています。

そして、目指す都市像の実現に向け、市民・市民公益活動団体・事業者・行政等のさまざまなまちづくりの主体の参画と協働を基調としたまちづくりを進めているところです。

本計画を策定する中では、内閣府による国民選好度調査を参考として、平成二三年度の市民実感調査から既存の施策評価指標が市民の幸せに対してどれだけ寄与しているかなどを調査し、その調査結果を基に、市民生活の視点を盛り込んだ本計画の基本構想・前期基本計画を策定しました。

また、本計画策定における新たな試みとして、おおむね小学校区を単位とし、基本構想と連携する「地域別構想」を策定し、地域住民が日々の暮らしの中で感じている課題や解決するための手段、住民自らが望む地域のありたい姿などを集約しました。

地域別構想の実現に向けては、これまで行政が主導で担ってきた地域の課題に対し、地

都市像のロゴマーク

域住民自らがその解決にあたることのできる具体的な仕組みが必要となることから、一定の権限や財源を地域へ移譲する地域分権制度の構築を並行して進めています。このような取り組みを通じて、市民と行政が適切な役割分担のもとで、地域の特性や多様性を尊重したまちづくりを具現化します。

平成二五年度から平成二九年度の前期基本計画期間中には、後期基本計画策定に向けて市民の幸福度に焦点を当てた施策評価指標の設定や市民の「幸せ」を増幅するための取り組みなどについて検討を重ねていきます。

今後も市民をはじめ、さまざまなまちづくりの主体が幸せを感じられるまちにするため、市民の幸福につながる成長のあり方を探り、「市民の幸せ」に焦点を当てた政策づくりを進めていくこととし、「参画と協働のまちづくり」を具現化することで「幸せ」の実現を目指します。

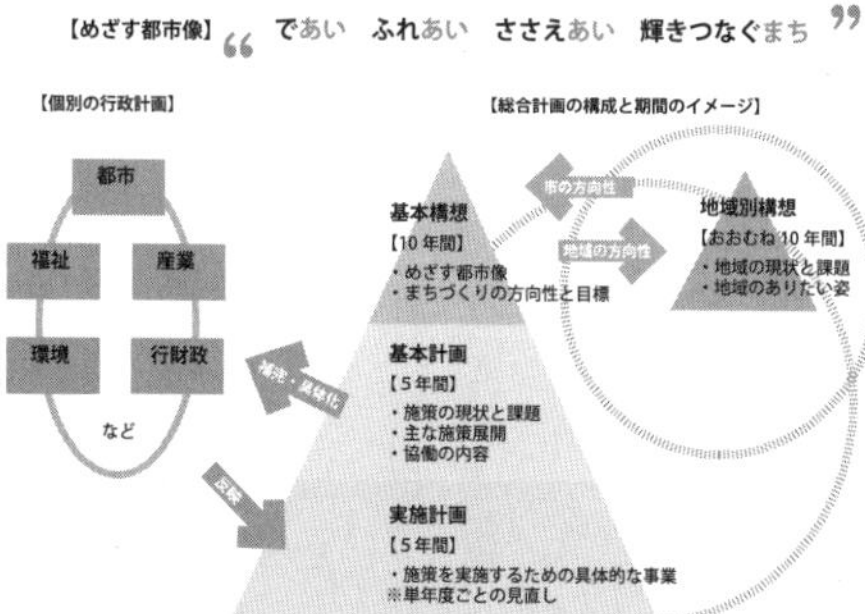

総合計画と地域別構想の連携イメージ

兵庫県　多可町《たかちょう》

住民満足度・幸福度　両方の向上を目指して

町長……戸田　善規（とだ　よしのり）
面積……一八五・一五平方キロメートル
人口……二万二七一九人（平成二六年一月一日現在）

「山田錦」「杉原紙」発祥の町「敬老の日」提唱の地

多可町は、平成一七年一一月一日に旧中町、旧加美町、旧八千代町の三町が合併して誕生した町です。兵庫県の内陸部に位置し、周囲を中国山地の山々に囲まれた多自然居住の町です。自動車での所要時間が新幹線新神戸駅まで七〇分、姫路駅まで六〇分、大阪空港まで七〇分と比較的都市部に近く、都市農村交流施策の展開にあっては最適地と言えます。

当町の特性は、酒造好適米「山田錦発祥の町」、七世紀後半から受け継がれる手漉き和紙

「杉原紙発祥の町」、そして超高齢社会を迎え、その精神を受け継ぎたい「敬老の日提唱の地」、に見ることができます。

山田錦の母方「山田穂」を発見したのは、当町出身の豪農・山田勢三郎翁と言われています。山田錦が誕生してから七〇年を迎えた平成一八年には、地方自治体として初めて「日本酒で乾杯の町」を宣言し、日本酒をこよなく愛することを高らかにアピールしました。

また、古来から日本一の名紙と謳われた手漉き和紙「杉原紙」は一三〇〇年の歴史を誇ります。平成一四年からは「宮中歌会始」の専用紙の栄に浴し、平成一八年に開催された「のじぎく兵庫国体」では賞状用紙として使われました。

さらに、「敬老の日提唱の地」である当町には、「敬老の日提唱の地」と彫り込まれた石碑があります。戦後の動乱期、村長であった門脇政夫氏は、全国で初めて村主催の敬老会を開催し、長い間社会に貢献されてきたお年寄りに敬意を表すとともに、知識や人生経験を伝授してもらう場を設けました。そして、九月一五日を「としよりの日」と定め、村独自の祝日とすることにしました。その後、「敬老の日」は国民の祝日に加えられ、当町ではこの敬老の精神を大切に受け継いでいます。

住民満足度・幸福度調査（役場の通信簿）を実施

（1）総合満足度三・五一を目指す

顧客である住民の皆様に質の高い行政サービスを提供するためには、現状把握が必要不可欠です。あわせて、ガラス張りの政策決定を行おうと町政公約に掲げた「町の政策と役場の通信簿をつくり公表する」ことを具現化するため、平成二一年度から毎年調査を実施しています。この調査は、町の施策（総合計画の基本計画）に対する重要度と満足度と、町に対する総合的な満足度を五段階評価で採点してもらう総合満足度等で構成しており、町では特に、総合満足度について、四捨五入すれば「四」となる三・五一点を目指しています。

（2）施策の重要度と満足度の推移を把握

全四一施策について、それぞれ重要度と満足度の視点から、個々の施策をプロット図に落し、その位置付けを明確にしています。さらに、性別、年代別、居住区別、職業別に、どの層がどれくらいギャップを感じているのかも明確にしています。

これらの結果は、全町敷設のケーブルテレビや隔月に全戸配布する役場の施策情報紙「政策レーダー」、ホームページで公表しています。「役場の通信簿」は、今後の事業方針を検討していくうえで、役場・議会・住民三者の共通データ（共通言語）としての役割を担っています。

（3）幸福を実感できる町へ

社会が成熟化し価値観が多様化する今日、経済成長等に代わる新しい価値観として「幸福」が重視されつつあります。一方で、幸福度は極めて個人的な感情であり、時と場合によって変化し、また、住環境や個人属性に左右されるため、その結果を行政施策につなげていくことは非常に難しいと言われています。しかし、住民の幸福実感こそが究極の成果であるとの考えから、平成二三年度から幸福度を問う項目（「幸福度」「いきがい」「地域・役場とのつながり」等）も追加し、住民の皆様の幸福要因について分析を始めました。

「幸せ」に注目することで、これまで実施してきた施策では焦点化されなかった住民の皆様の幸福要因を探り、当町の強み・弱みを明らかにしようとしています。また、これらの幸福要因を指標とする施策への展開を模索することで、幸福度と密接な関係にある地域社会活動への住民参画を活性化させ、行政パフォーマンスの向上も目指していきたいと考えています。そして、地域全体で幸せを実感し、住民の皆様一人ひとりが、当町に生まれてよかった・生活していてよかったと思えるまちづくりを目指しています。

島根県　益田市《ますだし》

人口拡大への挑戦

市長……山本　浩章（やまもと　ひろあき）
面積……七三三・二四平方キロメートル
人口……四万九八四六人（平成二六年一月一日現在）

きらめく自然、こころ癒されるまち

益田市は、島根県の西端にあって、山口県と接しており、北は白砂青松の石見潟を形成する日本海に臨み、南は恐羅漢山、安蔵寺山など中国山地が連なっています。

平成一六（二〇〇四）年一一月一日の一市二町の合併により総面積が七三三・二四平方キロメートルとなり、島根県の一割強を占める広大な面積を有し、この内八八パーセントを森林面積が占め、山間部を中心に緑豊かな自然環境が広がっています。また、市内を流れる一級河川「高津川」は国土交通省の水質調査において三年連続水質日本一となるなど、全国でも屈指の良好な水質を誇っています。さらに、市北部の変化に富んだ海岸線では、海水浴や釣り、マリンスポーツなどのレジャーを楽しむ姿も見られるなど、豊かな自然環境を背景とした体験型観光、子育て、教育、スポーツ、健康づくりなどのフィールドとしての活用を推進しています。

また、当市には原始・古代から続く豊かな歴史・文化があり、縄文時代や中世益田氏に関する遺跡など数多くの文化財が残っており、万葉の歌聖・柿本人麿や中世の画聖・雪舟ゆかりの地として歴史ロマンの薫るまちです。

特産品としては、ぶどう、メロン、トマト、ゆず、わさび等の農産物や、ハマグリ、高津川のアユ、モクズガニ等の水産物など、数多くあります。

人口拡大への挑戦

市政の最大の使命は市民の幸福を実現することです。当市は市民の幸福度に関する普遍的なバロメーターとして、人口の増減に着目しています。当市の人口は平成一二年五万四六二二人から平成二二年五万一五人と一〇年間で四六〇七人が減少しています。全国的に人口減少社会となる中で、当市の人口もさらに減少することが予測されています。このままでは、特に中山間地において、集落の維持も困難になるなど、将来の自治体運営も立ち行かなくなる恐れもあります。また経済的にも、人口は消費の基礎及び生産労働の基礎でもあり、人口規模はそのまま経済の規模を規定します。そこで、市政の指針として「人口拡大への挑戦」を掲げ、あらゆる事業について人口の増減に及ぼす影響を考慮し、取り組むこととしています。

そのため、まずは子どもを産み、育てるための環境整備を図ることが重要と考え、子育て支援と教育環境整備に取り組んでいます。

子どもたちの学力の向上を図るため、子どもたち同士の学び合いにより学びの質を高める「学び合い」授業を基盤に、学校間、教職員間の連携を強める「学力向上連携推進事業」を進めています。また、子どもたちに郷土を誇りに思う心を育て、自らを育んだ郷土について考える機会を数多く持つよう「益田ふるさと物語」を作成し、子どもたちの学習用副読本として活用しています。また、「益田ふるさと検定」を実施し、小学生から大人までふるさと益田のことを知り、考える機会を作っています。さらに、市内の島根県芸術文化センターグラントワ内に設置される石見美術館への年間パスポートを市内の小中学生に無料配布し、子どものころから芸術や文化に数多く触れられる機会を作っています。

また、当市を知ってもらい、感じてもらうために、観光・交流にも取り組んでいます。高槻市や川崎市などの姉妹・友好都市と積極的な交流、連携を図り、特に子どもたちの相互交流では、都会の子どもたちに高津川などの当市の雄大な自然を活かした「遊び」体験を提供しています。また、市内の萩・石見空港を活用した、全国で唯一現役滑走路を走ることができる「萩・石見空港マラソン全国大会」や、一〇〇キロメートルもの間信号が全くない100ZEROコースを自転車で走破する「益田ＩＮＡＫＡライド」など、交流人口拡大のための施策を進めています。

また、島根県西部地域の伝統芸能である「石見神楽」は、そのきらびやかな衣装と勇壮な舞、迫力ある囃子など、地元住民のみならず、観光に来られた方からも非常に喜ばれているコンテンツです。その公演を年間を通じて毎週末定期的に「石見の夜神楽・週末公演」として行っており、リピーターを含め、多くの方に来場いただいています。

このほか、さまざまな取り組みを持って、今後も人口拡大に挑戦していく所存です。

山口県　防府市《ほうふし》

三つのK、「観光・環境・教育」

市長……松浦　正人（まつうら　まさと）
面積……一八八・五九平方キロメートル
人口……一一万八一八六人（平成二六年一月一日現在）

歴史が息づく千年のまち

防府市は、山口県のほぼ中央部に位置し瀬戸内海に面しており、一三〇〇年の昔から周防の国の国府として栄え、また、交通の要衝として発展した歴史のあるまちです。

市街地の北部は、日本三天神の一つ防府天満宮の門前町として商業が発展し、防府のまちづくりの礎を築いてきました。また、市街地の南部は、毛利藩時代からの三白政策の一つ、製塩業が盛んでしたが、昭和三五年の製塩業の廃止を契機に塩田跡地に企業誘致を進め、今では、大規模自動車組立工場を頂点とする輸送用機械器具製造業が集積するなど、県内有数の製造品出荷額を誇る産業都市として発展を遂げています。

二一世紀を迎え、次代を担う方々に責任を持てる、元気あふれるまちづくりを実現するために、中心市街地の活性化や生活環境の整備、産業・観光の振興などに全力で取り組んでいます。

人・まち元気　誇り高き文化産業都市　防府

当市では、三つのK、すなわち「観光・環境・教育」を施策の重要な柱として位置付け、さまざまな事業を進めています。

（1）観光施策

貴重な財産である防府天満宮周辺などにおける歴史のある街並み形成や毛利氏庭園、周防国衙跡、周防国分寺、三田尻御茶屋などの多くの歴史的文化的遺産を活用し、それぞれが個々にその魅力を発信するだけではなく、各所を有機的に結びつけ、歴史と共存する個性あふれるまちづくりを推進しています。

また、平成二五年三月には、観光庁が選定する「官民協働した魅力ある観光地の再建・

強化事業」において、当市でブランド化を進めている、山口県の方言「幸せます[1]」をコンセプトにした、「幸せますのまち防府『幸せ発見』ツアー」が当該支援事業の対象に選定され、新たな観光資源などを取り入れた旅行商品や観光地の魅力を全国発信していくなど、更なる観光の振興に努めていくこととしています。

＊1　「幸せます」は山口県の方言で、「幸いです。うれしく思います。助かります。ありがたいです。便利です。」などの意味を持って使用されます。

（2）環境施策

地球温暖化や天然資源の枯渇の懸念など、地球規模の環境問題が深刻化する中で、その一因である大量生産・大量消費・大量廃棄型の社会経済システムを見直し、環境への負荷の少ない循環型社会への構造転換を図ることが求められています。こうした中、当市では、ごみや資源を取り巻く動向、当市におけるごみ排出量等の状況変化を踏まえて、目標値や具体的な取り組みなどを掲げ、新たなごみ処理施設の稼動を契機とした当市にふさわしい循環型社会を構築していくため、平成二五年三月に「防府市ごみ処理基本計画」を策定しました。

また、平成二六年四月に供用を開始したごみ処理施設につきましては、生ごみ等から発生するバイオガスを活用し、高効率のごみ発電を行う可燃ごみ処理施設と、容器包装リサイクル法に基づく分別収集の完全実施に対応したリサイクル施設からなるもので、これにより、既存のごみ処理施設よりも、環境負荷の低減や資源の有効利用が大きく促進しております。

（3）教育施策

当市では、児童生徒の「生きる力」を育むため、学校の教育力の向上と、家庭・地域との連携の一層の強化を図り、「教育のまち　日本一」を目指した諸施策を積極的に展開しています。

平成二四年度は、全小・中学校に導入しました、コミュニティ・スクール制度の積極的な活用を図るとともに、平成二五年度には、市内の全公立小中学校で、各学期一日ずつの「土曜授業」を実施し、保護者への授業公開や地域住民との交流活動など、地域とともにある学校づくりを推進しています。

徳島県　上勝町《かみかつちょう》

持続可能な地域社会をつくる

町長……花本　靖（はなもと　やすし）
面積……一〇九・六八平方キロメートル
人口……一八二三人（平成二六年一月一日現在）

葉っぱの町

上勝町は、四国山脈の南東山地、徳島県庁から南西方向に約四〇キロメートル（車で約五〇分）の所に位置しています。地形的には、四国山脈の東南面山地に属し、標高一四三九メートルの高丸山を最高峰とする山脈が重なり、美しい連山の間を東流する勝浦川は深い渓谷をなし、その流域にごくわずかな平地が見られるほかは大部分が山地です。

山腹斜面に階段状の田畑があり、標高一〇〇メートルから七〇〇メートルの間に大小五五の集落が点在しています。人口は、国勢調査によると昭和三〇年をピークに毎年減少し、高齢化率は四九・三八パーセントとなっており、人口の減少傾向は依然続いています。

当町は、木材、温州みかんが主な産物でしたが、昭和五六年の極地的な異常寒波で、主産物のみかんがほとんど枯死し農業は大打撃を受け、これを契機として、多品目少量産地化して農業再編成に取り組む中で、昭和六一年に彩農業が生まれ販売開始しました。さらに就業の場の確保として町が主体となり第三セクターによる新しい企業（五社）の発足や人づくりの活動をし、平成六年には町内で初めて若者定住に向けた公営住宅を建築し、現在では九二戸となっています。平成一七年には「日本で最も美しい村」連合設立に参画し、「八重地の棚田」がにほんの里一〇〇選に選ばれ、日本の棚田百選に認定された「樫原の棚田」が重要文化的景観に選定されています。

いっきゅうと彩の里・かみかつ

（1）彩農業

「彩（いろどり）」とは、当町がつくりだした新しい産業概念であり、紅葉、柿、南天、椿の葉っぱや梅、桜、桃の花などで、料理のつま物にする材料として商品化した物です。

この産業は、当時の農協の営農指導員が、みかんに代わる作物を五年間ぐらい全国模索していた時に、葉っぱを売るビジネスを思いつきました。現在では三三〇種類以上の商材を供給できる体制にあり、これらの生産物は軽量で女性や高齢者の活躍できるステージであると大変喜ばれ、現在販売額は約二・五億円となっています。

（2）上勝町ごみゼロ（ゼロ・ウェイスト）宣言

当町は「二一世紀持続可能な地域社会」を目指し、平成三二（二〇二〇）年を目標に未来の子どもたちにきれいな空気やおいしい水、豊かな大地を継承するため、ごみをゼロにすることを決意し、上勝町ごみゼロ（ゼロ・ウェイスト）宣言をしました。現在、ごみは三四分別で、町内唯一の収集場所であるゴミステーションに町民が自ら持ち込んでいます。その中には、リユースを勧めるため、自分にとっては不要だけれどまだ使える物を、必要としている方が持って帰れるよう「くるくるショップ」が併設されています。また、古着や家に眠っている生地などを、想像力とアイデアでリメイクする「くるくる工房」もあり、エコを身近なものにしています。

（3）上勝アートプロジェクト

平成一九（二〇〇七）年、当町の五つの地区に五つの野外アート作品が誕生。冬から夏にかけて、間伐材の切り出しから完成まで、延べ三〇〇〇人の町民が直接作品に携わり、流した汗が作品を愛着のあるものにしています。里山の価値を学び里山に触れ、里山の維持・保全を目指した参加型芸術文化活動を推進しています。

(4) 一般社団法人　地職住推進機構

地域資源等を活用し、地域で職を興し、地域で根付き定住していただける町を目指し、平成二四年に一般社団法人地職住推進機構が設立されました。再生可能エネルギーの普及に向けた小水力発電の実証実験や、買い物等に交通手段を持たない高齢者世帯への宅配と同時に農家で作った野菜を集荷し販売を行っています。地域への定住促進を目指した活動が期待されます。

(5) 集落再生プロジェクト

当町の再生は、その構成されている集落の再生なくしては達成されるものではありません。そこで、平成二二年から集落ごとの計画を支援する集落再生プロジェクトをスタートさせています。集落再生プロジェクトでは押しつけでなく集落が必要と考える事業を自ら計画し、町に提案し支援を受けるという仕組みとし、計画づくりに支援を可能とするために専任で集落支援員を二名雇用し、支援体制を整えています。

福岡県　田川市《たがわし》

日本初の世界記憶遺産のまち

市長……伊藤　信勝（いとう　のぶかつ）
面積……五四・五二平方キロメートル
人口……五万一一二三人（平成二六年一月一日現在）

炭坑節のふるさと

田川市は、福岡市から東北東約五〇キロメートル、北九州市から南南西約三〇キロメートルの場所にあり、福岡県の北東部に位置しています。

古くは米どころとして知られる農村でしたが、明治期以降になると、石炭産業が隆盛を極め、日本有数の「炭都」として知られるようになりました。昭和四〇年代中頃に炭鉱は閉山しましたが、平成二三年五月に日本で初めて世界記憶遺産に登録された山本作兵衛氏

「炭坑記録画・記録文書」をはじめ、当市が発祥の地とされる「炭坑節」、二本煙突、伊田竪坑櫓など、有形無形のさまざまな炭鉱遺産があります。さらには福岡県の五大祭りの一つに数えられ、福岡県無形民俗文化財である「風治八幡宮川渡り神幸祭」や「春日神社岩戸神楽」など、古くから受け継がれてきた伝統行事があります。

世界記憶遺産の保存・活用などの推進

当市では、市民が誇れる財産であり、日本初の世界記憶遺産である山本作兵衛氏「炭坑記録画・記録文書」の保存・活用などを推進するため、平成二五年度以降において、次の各事業を実施することとしています。

（1）地域受入環境整備事業
商店街情報発信支援、観光ルートの設定、案内サイン設置などを行います。

（2）学びの仕組み構築事業
山本作兵衛コレクションまたは複製画、先人の解釈の展示などを行います。

（3）エコミューリズム推進事業
学びのたびの構築、PR活動、ファンクラブの創設などを行います。

（4）定期講座事業
山本作兵衛専門ガイド養成のためのプログラムを作成し、定期講座を実施します。
（5）国内ウェブ情報発信事業
文化庁や九州・山口の近代化産業遺産のウェブサイトとの連携などを行います。
（6）海外ウェブ等情報発信事業
ウェブサイトの多言語化（仏語・独語）、ブログ・SNSの活用などを行います。
（7）情報発信・連携事業
各地の博物館等でのコレクションの展示や講演会の実施などを行います。
（8）石炭記念公園整備事業
石炭記念公園整備基本計画を策定し、整備を実施します。
（9）研究機関設置・運営事業
山本作兵衛コレクションや筑豊炭田の調査研究などを行う機関を設置し、運営します。
（10）ガイド等拡充事業
石炭・歴史博物館の解説に加え、地域の歴史や文化を説明する解説ガイドの養成などを行います。

(11) 団体等支援事業

世界記憶遺産活用活性化推進委員会への支援、貸付、補助を行います。

(12) 財源確保事業

国、県への積極的な要望活動、新たな寄付金制度の創設、PRなどを行います。

(13) 商品開発事業

山本作兵衛コレクション関連オリジナル商品の検討、商品化・販売を行います。

田川市マスコットキャラクター
「たがたん」
明るく、元気で人懐っこい
もぐらの男の子です。

佐賀県　佐賀市《さがし》

すべては「市民の幸福」の実現のため

市長……秀島　敏行（ひでしま　としゆき）
面積……四三一・四二平方キロメートル
人口……二三万六二九六人（平成二六年一月一日現在）

自然に彩られた歴史と伝統が今なお息づく城下町

平成一七年一〇月一日に一市三町一村が合併、平成一九年一〇月一日に三町を編入合併し、現在の佐賀市となりました。

北部には脊振山系の山林や清流、中央部には広大な佐賀平野、長崎街道に代表される歴史遺産、日本の近代化を先導した「幕末・維新期の佐賀」を紹介する佐賀城本丸歴史館、南部には有明海や筑後川にかかる昇開橋（日本に現存する唯一の可動橋）などがあり、風光明媚な自然とロマンあふれる名所旧跡を数多く有する佐賀県の県都です。
また、毎年秋には熱気球大会「佐賀インターナショナルバルーンフェスタ」が開催され、国内外から一〇〇機以上の熱気球と一〇〇万人近くの観光客が訪れるバルーンの街としても有名です。

やさしさと活力にあふれるまち　さが

（1）幸福度調査

当市では、総合計画の進捗及び三八施策の満足度を確認するために、平成一九年度から毎年度、五〇〇〇人に対する市民意向調査を実施しており、さらに、平成二四年度からは、幸福度に関する調査を行い、市民の幸福感の現状を確認しました。

平成二四年度の市民意向調査では、「内閣府　国民生活選好度調査」と同様に一〇点満点での幸福実感調査を開始し、結果は六・六五点となりました。（参考＝内閣府調査結果は、平成二二年が六・四六点、平成二一年が六・四七点）

また、平成二五年八月には市内三六小学校区から六校区を抽出し、校区ごとの幸福感、幸福感を感じるための要素など、三〇〇〇人を対象に調査を行い、分析を実施しました。

今後は、幸福度の定義に関する研究及び地域コミュニティの醸成との因果関係の調査分析を予定しています。

（2） 地域コミュニティ推進事業

今後、間違いなく訪れる、人口減少・少子高齢化社会に対応するため、平成二二年度に地域コミュニティ室を新設し、自治会加入率が九割近い地域性を活かし、各種団体の連携を強化することで、「子どもの育成」、「高齢者の生活支援」、「防犯・防災」などの地域課題を自ら解決するための仕組みづくりを行っています。

平成二二年度は、地域コミュニティ活性化検討委員会を開催し、地域コミュニティ組織の必要性や仕組みづくり等について協議し、平成二三年度には自治会協議会との連携により、四つの希望校区（おおむね小学校区）でのモデル事業を開始しました。平成二四年度には新たに三校区、平成二五年度には九校区を追加してモデル事業を実施しています（計一六校区、市内自治会校区の半数）。

モデル校区では、校区のまちづくり計画の策定と自治会等の各種団体による緩やかなネットワーク組織である「まちづくり協議会」の設立を行い、校区としての課題解決、地域活性化に向けた活動を行っています。

あわせて、職員に関しては、一人二役運動（行政職員であると同時に地域住民として地域活動への参加促進）の推進と、退職後の地域活動への参加の助走期間とするために、平成二五年度から、モデル校区在住職員連絡員制度（地域サポーター制度）を実施しています。モデル校区に在住する職員の中から、代表者及び連絡員を選任し、地域活動にお互いに自主参加できる環境づくりを目指します。

さらに、小学校単位で公民館を設置している強みを、地域活動にさらに活かすために、公民館（教育委員会所管）との連携強化を考えています。平成二六年度からは社会教育部の公民館支援機能とコミュニティ推進部局、市民協働推進部局の三機能を併せた課を新設する機構改革を予定しています。

また、平成二五年度には、再度、地域コミュニティ活性化検討委員会を開催し、協議会の体制、地域計画のあり方、行政補助金の一括交付金化、事務局体制等の方針を協議していただき、提言をいただきました。この提案を基本として、平成二六年度以降の当市の体制及び取り組み方針を決定することにしています。

大分県　中津市《なかつし》

行ってみたい、住んでみたい中津市に向けて

市長……新貝　正勝（しんがい　まさかつ）
面積……四九一・一七平方キロメートル
人口……八万五六五〇人（平成二六年一月一日現在）

大河ドラマ「軍師官兵衛」放映の千載一遇のチャンスを生かして

中津市は、大分県の西北端に位置し、東は宇佐市、南西は玖珠郡、日田市、北西は福岡県に接し、北東は周防灘に面しています。市域の約八〇パーセントは山林原野が占め、山国川下流の平野部にまとまった農地が開け、中津地域を中核としています。北部は狭く南部は西方に大きく張り出した形状を示し、西側に英彦山がそびえ、地域を貫流する山国川の分水嶺となっています。

その山国川とその支流域に、自然環境に恵まれた山村・田園集落と歴史情緒豊かな城下町を持つ、心安らぐ潤いのあるまちです。他方、ダイハツ九州株式会社の本社工場では、年間四六万台の生産台数を誇り、TOTO株式会社やルネサス エレクトロニクス株式会社の関連会社が立地するなど、工業生産の盛んな市でもあります。

現在、中津城の初代城主である黒田官兵衛孝高を主人公とする平成二六年大河ドラマ「軍師官兵衛」が放映されています。この機会を千載一遇のチャンスと捉え、黒田官兵衛資料館のオープンや、各種官兵衛関連イベントの開催などを通じて当市の魅力を全国に発信し、一過性のものではない市政発展につなげたいと考えています。

また、中津の城下町から足をのばすと、四季折々の自然が堪能できます。特に秋の紅葉シーズンには、深耶馬溪地区の一目八景をはじめ、本耶馬渓地区の青の洞門・競秀峰など、紅葉の名所を中心に、市域の山々が色鮮やかに着飾ります。

さらに、最近では「からあげの聖地」として、中津市の名が全国に浸透しつつあります。市内には、からあげ専門店が多く存在し、平成二二年八月には「聖地　中津からあげの会」が発足し、からあげの味の向上・販売促進・PR活動を行い、地域の活性化と食の観光化に取り組んでいます。

行ってみたい、住んでみたい中津市づくりに向けて

当市では、「住みよいまちづくり」、「観光・産業の振興」、「福祉の充実」、「教育の充実」、「環境対策」などを政策の柱に置き、各種の事業、取り組みを推進しています。

「住みよいまちづくり」については、中津城下町を中心に、城下町の風情をもった景観づくり・まちづくりに取り組んでいます。一方、市中心部から離れた郡部においては、買物弱者支援等の対策など、各地域における課題に沿って事業を推進しています。

「観光・産業の振興」については、大河ドラマ「軍師官兵衛」の放映決定以降、観光客が激増しており、官兵衛ゆかりの地まち歩きルートの整備のほか、サイクリングロードなどの観光ルートや公園の整備等、市全体の景観向上に積極的に取り組んでいます。さらに、農水産物等の直売施設などを備え、遺跡を生かした「道の駅」の登録を目指している地域振興施設は、平成二六年八月には、レストラン、遺跡公園が供用開始され、「ひと」「まち」「みち」「とき」をつなぐ施設としてオープンします。

「福祉の充実」については、地域の結びつきを保ちながら住み慣れた地域の中で安心して暮らし続けられるまちづくり、すなわち「街中の福祉」「里中の福祉」を推進するなど、

少子高齢化に対応した「福祉の里づくり」を、市民との協働により、絆を一層深めながら取り組んでいます。

「教育の充実」については、幼稚園から英会話教育を実施することとし、急速に進む国際化に対応できる人材育成を図っています。また、小学校四、五、六年生を対象とした「子ども中津検定（なかつ学びんピック）」の実施や、同じく小学校六年生を対象とした「まちなみ歴史探検」など、各世代が中津の歴史や文化を学び、郷土を愛する心を育む事業を積極的に推進し、学びの里づくりに取り組んでいます。スポーツの振興面では、「オリンピックデーラン」などのイベント開催をはじめ、日本有数の水上ゲレンデである、耶馬溪水上スポーツ施設「耶馬溪アクアパーク」での水上スキー・ウェイクボードの国際大会の開催、その他各種スポーツ施設の整備など、市民が日常的にスポーツに関わることのできる環境づくりに努めています。

これらの取り組みをはじめ、当市の各種政策の着実な推進が、市民の「幸福満足度」向上、そして「行ってみたい、住んでみたい中津市」づくりにつながるものと考えています。

本書に掲載した所属・役職・自治体名・首長名・面積は、平成二六（二〇一四）年二月一日現在のものです。

「幸せリーグ」事務局は、荒川区及び公益財団法人荒川区自治総合研究所が務めています。

第3章

今後の展望——基礎自治体から日本の未来をつくる

地方の活性化を財政面で支える公益資本主義とは何か?

原　文人（はら　じょうじ）

一九五二年生まれ。アライアンス・フォーラム財団（国連経済社会理事会特別諮問機関）代表理事。現内閣府本府参与、経済財政諮問会議専門調査会会長代理。国連政府間機関特命全権大使、政府税制調査会特別委員、財務省参与など日米欧の公職を歴任。

我が国の成長戦略は地方の活性化なくしてありえない。今回は、環境とエネルギーの分野の解決すべき諸問題を、国からの補助金、助成金に頼ることなく、地方独立自尊の精神で活性化を実現できる方法を提示したい。

この答えは、地産地消という言葉の中にある。すなわち地方には、①貯蓄と地場企業の内部留保を中心に大きな資金を有する地域住民、②地元に密着した地方金融機関、③解決すべき問題を熟知する地方自治体の三つの主体がある。これを組み合わせて自治体が解決すべき問題を、地方金融機関がパイプ役となり、地域住民の資金を活用して、地産地消で解決する方法だ。既に京都府はこの仕組みを活用し始めたので、環境とエネルギーの分野の実例を示しながらそれぞれの地域に合った公益資本主義地方活性化策を考えていきたい。

これを実行できる現実的な事業モデルとして「地産地消の次世代型ＥＳＣＯ（Energy Service Company）」を紹介したい。

図１　地産地消の次世代型ESCO

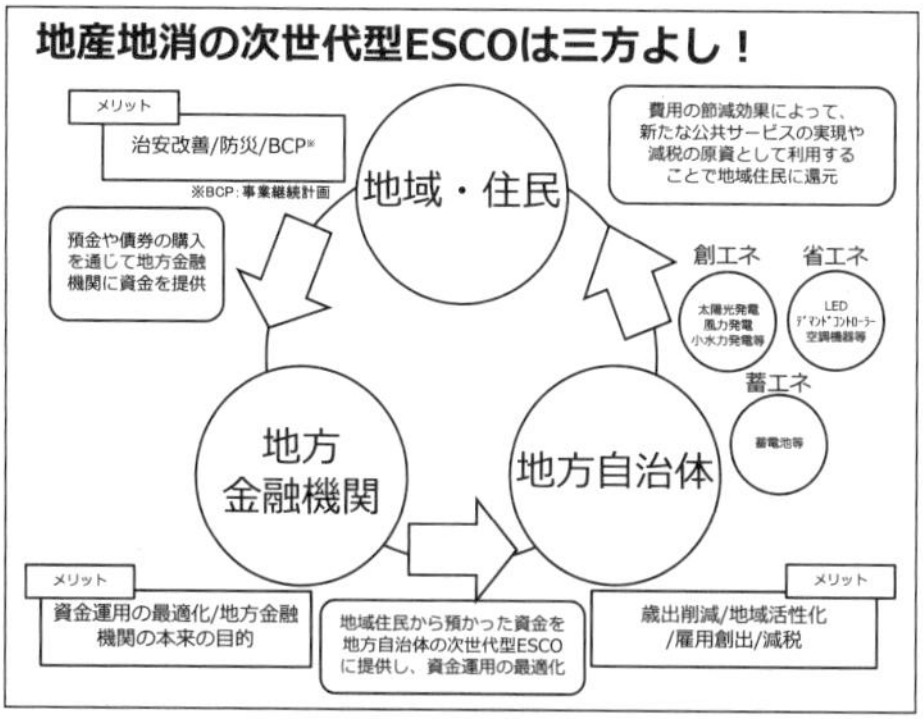

「地産地消の次世代型ESCO」

「地産地消の次世代型ＥＳＣＯ」の原理は、地産地消であり、理念は公益資本主義にある。福沢諭吉は、独立自尊という言葉を残したが、経済的に自立化できる事業を、「地産地消の次世代型ＥＳＣＯ」が可能にする。ここで一つの事例を示そう。もし、ある自治体が、街路灯を全部ＬＥＤに変換したいが、国など外部からの補助金がないと実現できない状態であったとする。

この場合、「地産地消の次世代型ＥＳＣＯ」は、地元金融機関が、地元住民の資金をまとめあげて自治体に提供し、ＬＥＤ化の投資を可能にするので、自治体が徴収した税金や、国からの補助金は、ここでは使う必要はない。ＬＥＤ化によって節約できる電気代は、通常八〇パーセントにもなるので、自治体の支払う電気料金は、二〇パーセントにまで削減される。街路灯のＬＥＤ化だけでなく、エネルギーや環境に関連するあらゆる自治体サービスに「地産地消の次世代型ＥＳＣＯ」を活用すると、費用の節減効果によって莫大な余剰資金が生まれてくる。余剰資金を使って自治体は、まだ街路灯がない地区への新たな街路灯の設置など、多くの事業を実現することが可能になる。中長期では、住民税の減税の原資としても使える。結局、自治体にとっては使い勝手のよいキャッシュフローを生み出すことになる。地域住民にとっては、ＬＥＤ化により、治安の改善、交通事故の削減など、自分たちで提供した資金が、目に見える形になって自分たちに帰ってくることを経験できるのは、何よりも大きな驚きになる。しかも、国債利回りがほとんどゼロに近い中、「地産地消の次世代型ＥＳＣＯ」では、金利は、二〜四パーセント（平成二五年現在）にもなり、貯蓄としても優れている。実態のないものに投資をする金融商品とは違い、自分の住む町をよくする金融商品なのだ。これを公益資本主義では、「顔の見える金融」と呼ぶ。

さらに地方金融機関も「地産地消の次世代型ＥＳＣＯ」を促進することによって、貸付の中身が大幅に変わる。現在、地方金融機関は、地方住民から預かった預金の半分くらいしか地元へは貸し付けることはなく、残りは国債の運用をしている場合が多く見受けられる。「地産地消の次世代型ＥＳＣＯ」を活用して地方金融機関は、地元のお金を地元に投資するという循環の完成に近づく。つまり、「地産地消の次世代型ＥＳＣＯ」は、自治体にとっても、地元住民にとっても、地元金融機関にとっても、自分たちの郷土をよくしていくうえで非常に有効なモデルとなる。まさに三方よしの精神を汲む公益資本主義の理念を実践する道具である。

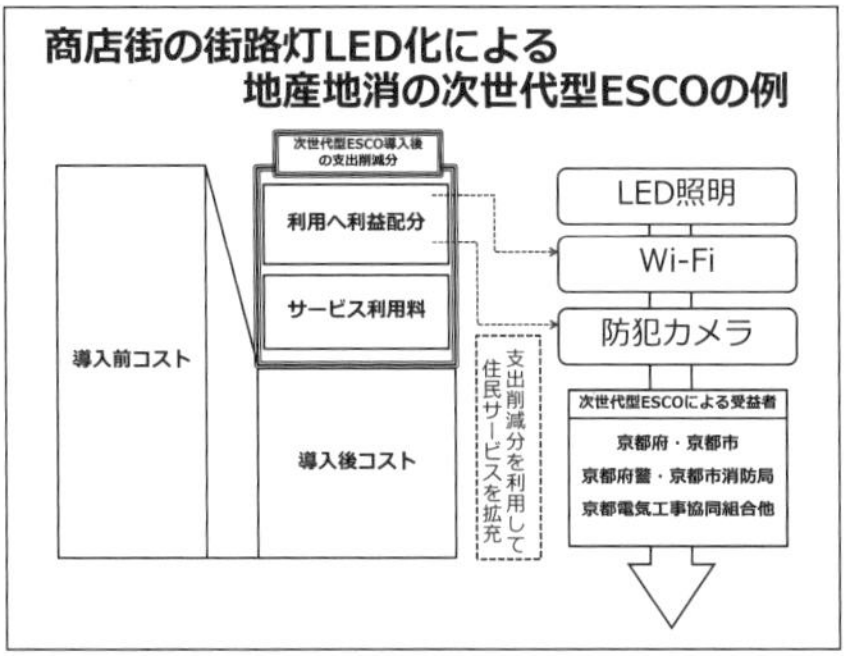

図２　京都の実例

自治体での「地産地消の次世代型ESCO」の活用

「地産地消の次世代型ＥＳＣＯ」は省エネモデルを

第一段階として、京都府の省エネ対策の一つに採択された。京都での地産地消の次世代型ESCOとは、京都府庁を含むあらゆる府の管轄施設をLEDなどの省エネ機器と置き換えるものである。

実例として「商店街」を取り上げよう。商店街のアーケードの「照明をLED化」し、その結果、削減できた電気代の一部を使って、観光案内多言語サイトを提供するための「フリーWiFi用のアンテナ」の設置を可能にした。外国人観光客が増加するとともに防犯対策として「防犯カメラ」の設置費用も削減分が原資となっている。このパッケージは、あらゆる自治体で活用できる理想的な実用モデルだ。

また、地元住民が蓄えた民間資金を活用する仕組みとして、「顔の見える金融」としての地方債や預金を創設発行するなどの諸制度を自治体が整備できると、目的を持った資金が循環し、そのすべての当事者が「三方よし！」で直接的間接的便益を享受できる。

まずは、「地産地消の次世代型ESCO」を、各自治体で解決したいエネルギーや環境の問題に最適に活用できるように設計する。これを公益資本主義による地産地消循環モデルと位置付け、地域全体に普及するのだ。国とは関係なく進められる自由度の高い地方事業の糊代《のりしろ》を大きくできるので、「地産地消の次世代型ESCO」は非常に有効である。地方の活力を取り戻すために、幸せリーグ社中の自治体で活用していただければ日本の地方は確実に元気になる。

公益資本主義

最後に、公益資本主義とは何かを簡単に示しておきたい。

公益資本主義とは、英米型の株主資本主義（この発展系の究極の形を金融資本主義と呼ぶ）や、中国型の国家資本主義と対極をなす「新しい資本主義」である。

平成二〇（二〇〇八）年に米国であった実際の例を示そう。不況で喘ぐアメリカン航空は、従業員に対して、三四〇億円の給与削減を受け入れてもらわないと会社はつぶれると迫った。倒産したら路頭に迷うので従業員はこれを受け入れた。その結果として経営陣は二〇〇億円のボーナスをもらったという事実がある。多くの日本人は、従業員が給与削減したのだから経営陣はもっと大きな割合で報酬の削減を受け入れ、痛みを分かち合うべきだと思うであろう。しかし、株主資本主義の解釈は異なる。会社は株主のものだと主張する株主資本主義者にとっては、従業員給与は負債である。負債の削減を実行してくれた経営陣に対してボーナスを払うのは当然だと考えるのだ。社外取締役もコーポレートガバナンスに違反しているとは指摘をしない。一方、中国型国家資本主義は、計画経済の名を借りた帝国主義である。

株主資本主義は、短期的に企業価値を増大することをもって目的とする。企業価値とは時価総額のことである。時価総額は株価を上げれば増えるので、株価を短期に上げるためには、時間のかかる研究開発や製造業モデルは推奨されない。したがって、すぐに儲けたい彼らにとって、ヘッジファンドなどの投機金融モデルが最適事業となる。しかし投機金融モデルは、ゼロサムゲームであり、繰り返すほどに貧富の格差が広がり、社会は疲弊する。この点は中国も同じである。

世界人口は、今後、現在の七〇億人から二〇五〇年には一〇〇億人となる。人口増は主として途上国がもたらし、二〇五〇年には世界の八五パーセントの人口は途上国が占める。途上国を放置した場合、これらの国々は、英米型や中国型の経済発展を遂げ、格差の大きな社会となり、他の要因と合併して政治経済的に非常に不安定な時代になる可能性が高い。そこで、「新しい資本主義」ともいえる公益資本主義を活用し、中間層の分厚い安定した地球社会を作りたい。

日本だけでなく、世界の地域経済の自立化と、平和と安定に寄与することに、公益資本主義の考え方は役立つものと断言し、筆をおきたい。

＊　さらに詳しく公益資本主義について知りたい場合は、原丈人著『増補　21世紀の国富論』（平凡社、二〇一三年）をお読みいただきたい。

幸せリーグ発のイノベーション
―生活や社会の質を追求するプラチナ社会へ

小宮山　宏（こみやま　ひろし）

一九四四年生まれ。東京大学工学部卒、同大学院修了。工学博士。専門は、化学システム工学、地球環境工学など。東京大学総長を経て、現在は同大学総長顧問、三菱総合研究所理事長。プラチナ構想ネットワーク会長。著書に、『日本「再創造」―「プラチナ社会」の実現に向けて』（東洋経済新報社、二〇一一年）など多数。

はじめに

幸せリーグ!!　なんとも明るい予感に満ちたタイトルである。これは、「誰もが幸福を実感できるあたたかい地域社会づくり」を目的とした自治体連携の名称である。幸せリーグは、住民の幸福感を政策指標とする五二の基礎自治体が連合し、その経験や知恵を共有する場として、平成二五（二〇一三）年六月に立ち上がった。

住民に最も身近な行政主体である基礎自治体が、なぜ今、あえて「幸福度」をテーマに立ち上がろうとするのか？　また、「幸福を実感できる」とは具体的にはどういった姿であろうか？

この問いに対する解答を導くためには、今、我々が生きている時代が、人類史的な視点から見て大きな転換点にあることを認識する必要がある。そして、その転換を捉える重要な鍵は、「量的に充足した人々が求めるものは生活や社会の質である」という点なのである。

1. 文明の転換点―我々が生きている時代

世界経済を人類史的に俯瞰すると、農業の発明と産業革命がエポックであったことが理解できる。農業によって定住が可能になり、産業革命により、人類は物質的豊かさを獲得し、平均寿命を伸ばした。他方で、有限の地球における発展は地球環境問題や人工物の飽和をもたらし、文明の持続性そのものに対する危惧が生じている。先進国はこうした状況にいち早く遭遇し、成長の新たな地平の開拓が求められている。まさに、我々は文明の転換点を生きているのである。

（1）産業革命の普及

図1　世界の一人当たりGDPを基準とした
「主要国一人当たりGDP」の推移

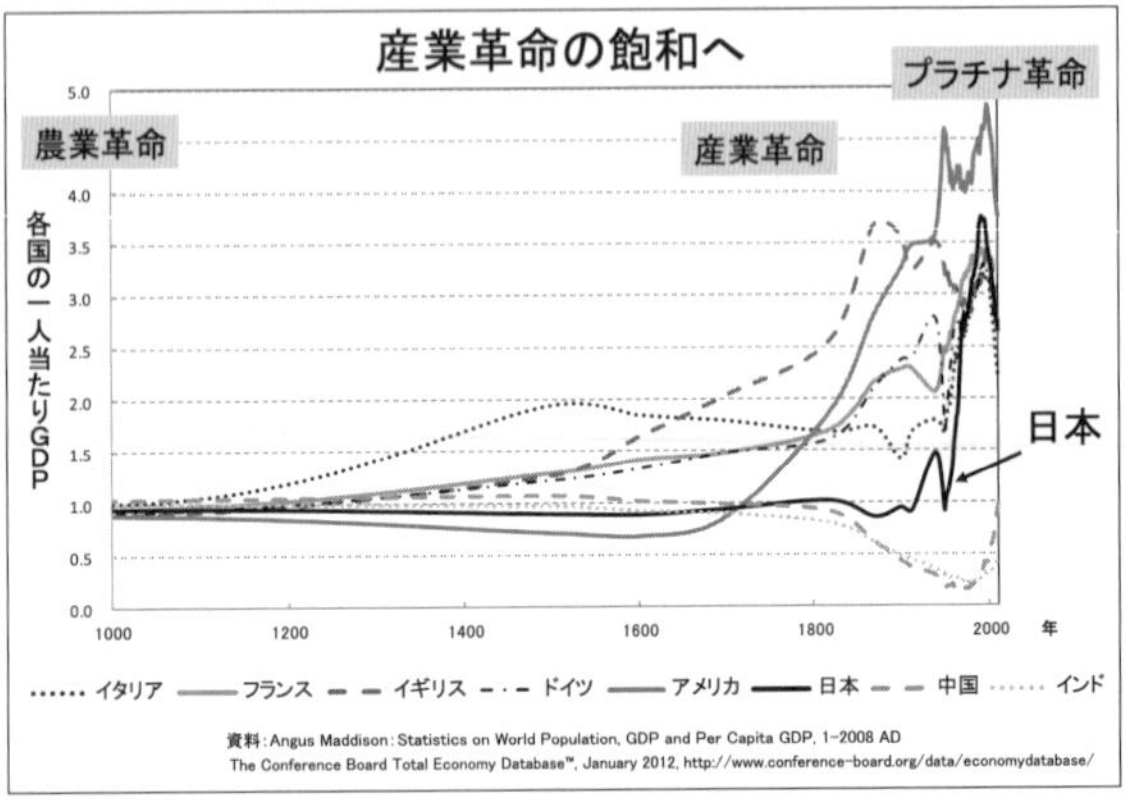

資料：Angus Maddison：Statistics on World Population, GDP and Per Capita GDP, 1-2008 AD
The Conference Board Total Economy Database™, January 2012, http://www.conference-board.org/data/economydatabase/

一万年から一万数千年前に世界各地で農業が発生した。これを農業革命と呼ぶ人もいる。農業革命以降、農地の拡大に応じて人口が増えていった。しかし、農地の拡大には限界があるため、こうした人口増は極めて緩慢に進み、農業を経済の中心とした均衡状態が一万年近く続いたのである。

図1は、主要国の一人当たりGDP（国内総生産）をその時の世界平均の一人当たりGDPで割った値を示したものである。今から千年前には、生産も消費も食料などの生活必需品が主だったため、一人当たりGDPの地域差は小さく、GDPはほぼ人口に比例した。このようにどの国もおしなべて貧しいといった時代が人類史のほとんどの期間を占め

ていたのである。こうした状況を一変させたのは、約二〇〇年前の産業革命である。産業革命によって生産効率が飛躍的に高まり、産業革命を行った国が富を集中的に得て先進国となった。

現在は、途上国が産業革命を展開しつつあり、今後スピードを増して有限の地球に拡散していくであろう。図の右端を見ると、二〇世紀末から、先進国と途上国間の格差が急速に縮小している。これは、先進国の成長が鈍化し、途上国が急成長をし、世界平均が上昇した結果である。産業革命以前よりもはるかに豊かなレベルで、世界は再び均一化に向かっているのである。日本にとって重要なことは、このような流れの中で自らの立ち位置を見出すことである。

（2）人工物の飽和

産業革命後の発展により、先進国では人工物が飽和し、そのために需要の飽和が生じている。例えば、平成一九（二〇〇七）年の各国一人当たり自動車保有台数は、日本、アメリカ、イギリス、フランス、ドイツでは〇・四五～〇・五〇であり、この状態が定常化している。つまり二人に一台持てば、その国の保有台数は一定になる。これが自動車の飽和である。蓄積された人工物の更新需要は持続するが、それだけでは経済成長をもたらさない。不況は経済的循環の一局面というだけではなく、構造的な面の方が強くなっているのである。先進諸国の成長鈍化や長引く景気停滞の本質はここにある。

（3）長寿化する人類

二〇世紀に入って産業革命の成果を一般市民が享受できるようになり、先進国を中心に急激に寿命が延び始める。古代の平均寿命は二〇数歳で、産業革命までの一万有余年の間、極めてわずかしか延びていない。産業革命で生産力を増した先進国で寿命がようやく延び始めるが、それでも明治三三（一九〇〇）年の平均寿命は先進国でも五〇歳に満たず、世界平均は三一歳に過ぎなかった。日本においては、昭和二五（一九五〇）年から昭和四五（一九七〇）年までの高度経済成長期に一気に世界一の平均寿命を達成する。世界の平均寿命も平成二三（二〇一一）年には七〇歳に達している。長寿で豊かな人の増加というのは文明がもたらした成功の一つなのである。長寿が世界に広がっていく中で、長寿社会をいかに活気あるものにしていくかが次の成長戦略の鍵となる。

2．希望の発信―課題解決先進国「日本」の可能性

産業革命の普及という点から日本の経済発展を概観してみよう。日本は鎖国によって産

業革命に乗り遅れたものの、江戸時代は教育、治安、司法、情報などのシステムが発達し、ものづくりの基本技術も蓄積されていたのである。それゆえ、世界の国のほとんどが欧米の植民地と化す中で、工業化を進め先進国の仲間入りを果たすことができた。また、この経済成長過程で日本は多くの課題に遭遇したが、それらを克服してきた。例えば、全国各地で過酷な公害を経験したが克服し、またオイルショックという二度にわたる世界的なエネルギー危機も見事に乗り切った。さらに、世界一の長寿社会を実現している。

日本は、経済、長寿、環境、エネルギーなど、まさに文明の希求するところを成就してきたと言える。日本の抱える課題の多くは、先進国に共通であり途上国が間もなく抱える課題でもある。そうした意味で日本は課題先進国であり、今後は、自らの課題を解決することが新しい人類のモデルを発信することになる。つまり日本は「課題解決先進国」となる可能性を秘めているのである。

3. 質を求める──人々のQOLを追求する「プラチナ社会」へ

産業革命の普及により、先進国を中心に一般の市民が「衣・食・住・移動・通信・長寿」を手にすることができるようになった。かつて一握りの支配層だけの贅沢であったことが、現在、産業革命の普及とともに途上国にも及び、全地球に拡散しつつある。

量的な豊かさが満ち、かつ長寿となった人類が次に求めるのは何か？　それは生活や社会の質、つまりＱＯＬ（Quality of Life）の追求とそれを可能にする社会システムの実現であろう。私は、こうした質を追い求める社会を「プラチナ社会」と定義している。「課題解決先進国日本」にこそ、農業革命、産業革命に続くプラチナ革命を先導するチャンスが訪れている。

質を求めるプラチナ社会の実現のためには、従来とは異なるアプローチが求められる。例えば、家電や自動車の普及のような量的な豊かさへの欲求に基づく需要を「飽和型需要」と呼ぶとすれば、質を求めるプラチナ社会実現に求められるのは「創造型需要」である。「創造型需要」は、我々がＱＯＬを高める意欲を持ち、直面する課題を解決しようとするところに生じるのである。それは、質を求める意志がある限り飽和することはない。そして、課題解決への意志が、新しい需要や産業の創造につながるという好循環をもたらすのである。

私は、このようなプラチナ社会実現に向けて、自治体や企業のトップ、学識者等をメンバーとする「プラチナ構想ネットワーク」立ち上げ、理念の普及とイノベーション促進に向けた活動を展開している。

4．幸福実感の条件―プラチナ社会実現に向けた課題解決テーマ

個人のＱＯＬを高めることは、これからの幸福感の源泉であろう。幸福感は個人の主観的な部分が大きいが、ＱＯＬを高めることを可能とする社会システムの実現は、多くの人々の幸福の実感に向けた必要条件である。

さて、この条件とは何であろうか？　まだ見ぬ社会の未来像であり、地域固有の条件や課題によっても異なるであろう。しかし、文明の転換期、課題解決先進国「日本」の可能性などを踏まえると、「有限の地球で活力ある長寿社会を創る」といった大きな視点が、今後の展開に一つの枠組みを与える。具体的にはさまざまな条件が考えられるが、プラチナ構想ネットワークでは、以下のような条件が重要であると議論している。

まず「快適な自然環境の再構築された社会」である。公害克服は最低条件であり、さらに、人と共存し、生物多様性に富む生態系を構築していく。次に、「資源・エネルギーの心配のない社会」である。これは、資源・エネルギー自給を目指すということである。そのために最も重要なのは省エネルギーであり、生活の質を上げげつつエネルギー消費を減らす

ことができる。そのうえで、自然エネルギーの利用にまい進する。金属資源自給の決め手は都市鉱山、すなわちリサイクルである。これら課題解決について、日本は豊富な経験と優れた技術を有していることは言うまでもない。

さらに、「全員が参加できる社会」である。これは、高齢者や女性の活躍の機会を豊富にすることで、活力ある長寿社会、あるいは全員参加型社会を創ることである。そして、「生涯を通じて成長できる社会」である。いくつになっても何かを学べるというのは、人生の喜びであろう。ところで健康維持において、「栄養」、「運動」、「人との交流」、「新しい概念の受容性」、「前向きな思考」が、脳の可塑性など自立性を失わないための条件であるという。私はこれを「幸せな加齢の五条件」と呼んでいる。「生涯を通じて成長できる社会」とは、こうした条件を満たしやすい社会なのである。

そして、何よりも重要なことは「雇用」である。私は、さまざまな要素の中で、幸福の実感には「交流」が重要な鍵を握っていると考えている。交流は、幸せな加齢の五条件の一つであるが、他の条件のための機会を与える。また、仲間を得たい、他者から認められたい、何かを成し遂げたいといった欲求を満たせる機会をもたらす。実は、雇用とは、個人のコミュニケーション能力の如何によらず、一定の交流が担保される重要な機会なのである。学校も同様であろう。交流という軸でみれば、「全員参加」「生涯を通じて学べる」なども幸福感を醸成する重要な条件なのである。

おわりに

幸福の実感が何で得られるかは、その時代の成長の質に関わる。欧米へのキャッチアップから課題解決先進国へ、量を求める豊かさから質の追求へ、飽和型需要から創造型需要へ、そして、豊かさの指標は、ＧＤＰから幸福の実感へと転換を迫られている。こうした転換には、市民や地域が起点となり、多様な主体が手を携え、さまざまなイノベーションが生起する場としての地域づくりが求められる。今後の幸せリーグの挑戦が、課題解決先進国としての自治体運営の嚆矢となることを期待したい。

地域から実現する幸福

月尾　嘉男（つきお　よしお）

一九四二年生まれ。東京大学工学部卒業。名古屋大学教授、東京大学教授、総務省総務審議官などを経験し、現在は東京大学名誉教授。ここ六年ほど、世界の先住民族を探訪しテレビジョン番組「地球千年紀行」を制作。趣味はカヤックとクロスカントリースキー。

幸福の問題

幸福を定義も測定もできないことは明白である。レフ・トルストイは小説『アンナ・カレーニナ』を「幸福な家庭はいずれも類似しているが、不幸な家庭はそれぞれに不幸である」という趣旨の文章で開始している。それは以後の小説の展開のためには必要な表現であるとしても、さまざまな状態の幸福な家庭が存在することは事実であり、社会全体が類似の幸福という価値を共有することは困難である。

国際連合のミレニアム計画が幸福の実現を目標の一部としたように、昨今は幸福政策が流行しているが、発端はブータン王国の先代国王が四〇年近く以前に幸福を国家目標にすると宣言されたことである。その国王が「幸福の尺度の一例は、何年かごとに生活を振返ったとき、国民が向上していると実感するかどうかである」と説明しておられるが、個人の意識に依存する概念を国家や地域の目標にすることにも矛盾がある。

このような困難な課題を簡易な方法で計算した事例は登場している。ロンドンのシンクタンクは環境保全の視点から、国民の平均寿命と幸福実感の水準と環境負荷の程度を組み合わせた「幸福惑星指標」を発表しているし、それ以外にも存在する。しかし、それらは国家単位の指標であり、国王の指摘のように、個々の国民の幸福の実感を向上させていくとすれば、可能な方法として、不幸の要因を社会から除去していく政策が想定される。

配分の問題

そのような視点から課題となる、第一の不幸の要因は公平ではない配分である。昭和二五（一九五〇）年から平成二二（二〇一〇）年までの六〇年間に世界の人口は二・七倍に増加しているが、穀物の生産は三・五倍、食肉の生産は六・五倍、魚類の漁獲は七・五倍に増加している。単純に計算すれば、一人当たりの食料生産は増加しているから、食料に限定してみれば、食料不足という不幸の要因は減少しているはずである。

ところが、十分に食料が入手できず栄養不足の状態にある世界の人口は平成二（一九九〇）年の七億九〇〇〇万人から一〇年後には八億五〇〇〇万人、二〇年後には一〇億人を突破しており、不幸の要因は増加している。その理由は一〇億人が栄養不足で、推定では毎年一〇〇〇万人以上が餓死している一方、一二億人は食料を摂取しすぎて栄養過多で肥満状態にあるという数字が説明している。

この状態を緩和するために食料援助が実施され、毎年八〇〇万トン程度の食料が食料不足の国々に支援されている。その一方、アメリカでは毎年約三三〇〇万トン、日本でも約二〇〇〇万トンの食料が廃棄されているという矛盾が存在する。さらにアメリカとヨーロッパで消費される犬猫などの愛玩動物の餌代が一日に四六億円にもなるのに、食料援助の金額は一日に約六億円という現実もある。

これは経済全般についても同様で、同一の六〇年間に世界の名目国民総生産額の合計は九・六倍に成長しているから、一人当たりでは三・六倍に増加し、大半の人間にとって不幸の原因である貧困は減少しているはずである。しかし、所得の配分を表現するジニ係数は、ほとんどの国々で増大して格差が拡大しているし、世界で最大の経済成長を達成してきた中国ではジニ係数が異常に増大し、危険水域に突入している。

この問題の解消のために、累進税制によって所得の格差を調整する一方、生活保護や育児手当などさまざまな社会保障によって格差を緩和する制度が導入されている。その財源が医療保険や社会保険の収入で均衡が維持されていれば問題ないが、多数の国々においては国家の歳出によって負担する仕組になっており、最近の日本の財政状態では歳出の三割を突破しており、破綻状態に接近している。

欲望の問題

第二の不幸の要因は、人間の社会には欲望を増加させる仕組が存在するということである。世界最初のバブル経済事件は、一七世紀のオランダで発生したチューリップ投機とされている。中東から伝播してきたチューリップのうち珍奇な形状や模様の花弁をもつチューリップの球根が異常な高値で売買され、最高の時期には球根一個と豪邸が等価という異常事態となり、最後は暴落して膨大な損失が発生した。

冷静になってみれば、球根一個と豪邸が等価という異常事態に気付くはずであるが、渦中にいると感覚が麻痺し、以後もコメ相場への投機、株式相場への投機、為替相場への投機などが繰り返され、膨大な不幸を社会に放出してきた。この不幸は昭和四（一九二九）年のニューヨーク株式市場の暗黒の木曜事件や最近サブプライムローン事件リーマンショック事件などのように、一国の内部の事件ではなく、世界に拡大するという事態になっている。

この不幸の背景に存在するのが、情報がもたらす不幸である。自分の現状と周囲の状況を比較できる場合、そこに格差を発見すると不幸を実感することになる。それを如実に証明したのが幸福国家の本家ブータン王国である。先代国王の英断により、平成一一（一九九九）年にテレビジョンの受信とインターネットの利用が解禁され、平成一五（二〇〇三）年には携帯電話も解禁された。早速、首都にはインターネットカフェまで登場した。

それまでは一種の無菌状態であった人々の心中に、国外の状態が奔流のように流入しはじめ、他国への憧憬という不幸が芽生えたのである。その結果、地方の山村で幸福に生活していた若者は就職の確約もないまま都会に殺到し、日本の昭和四〇年代を再現するような郊外の急増の集合住宅で不幸な生活をするようになりつつあるのが最近のブータン王国の実情である。

ある日本の雑誌記者が、それを象徴する逸話を紹介している。ブータン王国の少女に幸福の程度を質問したところ、八点という返事であった。そこで不足の二点の理由を質問すると、韓国に誕生しなかったことというわけである。韓国政府が国策として無償で提供する韓流ドラマが連日のようにテレビジョンで放送され、その影響で韓国を理想の社会と錯覚してしまった結果である。

情報の入手は不幸の原因になりうることを、人類は古代から察知しており、さまざまな神話として警告してきた。『旧約聖書』のアダムとイブの楽園追放の物語は知識の果実を賞味したことが原因であるし、ギリシャ神話には死者の世界にエウリディーケを出迎えにいったオルフェウスが地上へ到達する直前に振り返ったために失敗する物語があるが、これは黄泉の世界からイザナミを奪還しようとしたイザナギの失敗の物語と瓜二つである。

長年、賢王の統治で幸福な社会であったブータン王国は、国王の希望で立憲君主制度に転換した、その最初の選挙では、与党が九割以上の議席を占拠したが、平成二五（二〇一三）年の選挙では三割に後退し、立場が逆転した。直接の原因は首相が中国に接近するような行動をとったことであるが、背景にあるのは国民が外部の世界の情報を入手したことにより、より幸福な世界が存在すると錯覚したことである。

情報の問題

しかし、すでに情報社会に転換している日本では、ビッグデータともいわれる大量の情報に翻弄されながらも不幸の要因を低減していく方法を検討する必要がある。今回の選挙で交替する以前のティンレイ首相へインタビューをしたとき、ブータン王国で幸福を実現する手段を質問させていただいた。それは家族を基礎にして、その信頼関係を家族周辺から次第に地域へ、さらには国家へと拡大していくことであるという回答であった。

ジグミ・ティンレイ前首相と対談する筆者

膨大な人数の人間から構成される国家という単位で、一律の政策によって幸福を実現していくことは空想でしかないが、反対方向から積み上げていく政策であれば多様という幸福の条件を維持しながら、不幸の要因を除去していく政策は可能である。それは日本で逸早く幸福の実現を行政の目標とし、研究組織を創設して着実に政策を実施してきた東京都荒川区が証明している。すなわち地域こそが幸福社会の基本単位となることである。

最後の課題は、欲望を拡大する情報の氾濫に対処する方法である。各人が入手する物質やサービスを期待する欲望で割り算した数値が幸福の程度と仮定すれば、入手する食料や収入が増加しても、欲望が拡大するかぎり幸福は増大していかない。インドネシアの絶海の孤島で生活するバジャウという先住民族は、毎日、食料とする小魚を漁獲するだけの幸福な生活であったが、テレビジョンが導入された途端に不幸を実感するようになった。

テレビジョンに氾濫する衣服や電化製品を入手するため、一家の主人は一年の大半を遠方の工場で出稼ぎする事態になっている。ブータン王国はチベット仏教を国教とし、国民の大半は敬虔な信者であった。そこで国王は「国民の知恵と良識を信用する」と演説して情報手段を解禁したのであるが、結果は前述のように、数年で国民の欲望が煽動され、若者は郷里を放棄し、国民の不満が政治にまで影響するようになった。

老子に「唯吾知足」という言葉がある。欲望に誘導されるまま物質の満足を追求してきた結果が資源の涸渇や環境の悪化や格差の拡大など、幸福の根源の資産を浸食している現状であるとすれば、地域が政策を懸命に工夫しても限界があり、個人が目覚める必要がある。幸福という概念の世界規模での登場により、はじめて人類は拡大する一方であった社会を縮小という方向に転換する時機に到来したのかもしれない。

装丁　志岐デザイン事務所（萩原 睦）

「幸せリーグ」の挑戦

2014年4月28日　第1刷発行

編　　者　「幸せリーグ」事務局
（住民の幸福実感向上を目指す基礎自治体連合事務局）
発 行 者　株式会社 三省堂　　代表者　北口克彦
発 行 所　株式会社 三省堂
〒101-8371　東京都千代田区三崎町二丁目22番14号
（編集）03-3230-9411　（営業）03-3230-9412
振替口座 00160-5-54300
http://www.sanseido.co.jp
印 刷 所　三省堂印刷株式会社

落丁本・乱丁本はお取り替えいたします。　〈幸せリーグ・304pp.〉
ISBN 978-4-385-36574-9